빵집 의사의 인체 대탐험

이원천 글   이고은 그림

사□계절

머리말

의사가 왜 빵을 구워요?

우리 한의원에서 빵을 굽는 날에는 소독약이나 한약 냄새 대신 향긋한 빵 냄새가 한의원을 가득 채워요. 그러면 치료를 받으러 온 사람들이 머리를 갸우뚱하며 묻지요.

"병원에서 왜 빵을 구워요? 선생님이 취미로 하시는 거예요?"
"하하하! 빵으로도 병을 치료할 수 있거든요!"
그러면 사람들은 도무지 알 수 없다는 얼굴을 합니다.

여러분은 제가 한 말이 이해되나요? 자, 그러면 제가 한번 차근차근 설명해 볼게요. 한의학에서는 음식과 약이 크게 다르지 않다고 봐요. 이걸 식약동원食藥同源이라 하지요. 우리가 먹는 음식은 저마다 따뜻하거나 서늘한 성질을 가지고 있어요. 그래서 여름에 먹는 음식과 겨울에 먹는 음식이 서로 다르지요. 하지만 음식이 가지고 있는 성질은 그렇게 강하지 않기 때문에 오랫동안 먹어도 우리 몸에 큰 부담이 되지 않는답니다. 그와 달리 약으로 쓰는 재료는 차갑거나 뜨거운 성질이 굉장히 강해요. 그래서 몸의 균형이 맞지 않을 때 빨리 건강한 상태로 되돌리는 힘을 가지고 있지요. 하지만 성질이 지나치게 강해서 오래 먹을 수 없기 때문에 아플 때만 잠깐 먹는 거예요.

병에 걸렸을 때도 몸에 맞는 음식을 꾸준히 먹으면 건강해질 수 있어요. 한약 중에는 이런 처방이 꽤 있어요. 불안하고 걱정이 많은 사람이 먹는 '감맥대조탕'은 단맛을 내는 감초와 대추, 그리고 밀이 들어가요. 이 약은 마치 달달한 빵을 먹는 느낌이 들지요. 또 몸이 약해진 할머니 할아버지를 위한 '구선왕도고'라는 떡도 있어요. 이 떡에는 쌀 외에도 아홉 가지 재료가 들어가는데 그중에는 설탕도 들어 있답니다. 그러니까 달콤한 맛이 나는 떡이에요. 할머니 할아버지들이 아주 좋아하시겠죠? 이렇게 음식도 잘 쓰면 좋은 약이 될 수 있어요. 당연히 빵도 병에 맞게 굽기만 한다면 병을 치료할 수 있답니다.

하지만 모든 병을 음식으로 고칠 수는 없어요. 어떤 병은 빨리 회복하지 않으면 금세 병이 더 심해져 손쓸 수 없게 되는 일도 있으니까요. 그래서 제대로 병을 치료하려면 약을 처방할지 또 음식으로 조리할지 잘 알고 있어야 한답니다. 그러려면 우리 몸에 대해 잘 알고 있어야 해요. 우리 몸이 어떻게 생겨났는지, 활동하는 데 필요한 에너지는 어떻게 만들어 내는지, 몸의 여러 부분은 각각 어떤 기능을 하고 있는지 알아야 한답니다. 이 책에는 우리 몸에 관한 많은 이야기가 들어 있어요. 수백 년에 걸쳐 과학자들이 알아낸 우리 몸의 비밀을 읽다 보면 자기도 모르게 '아하!' 하고 감탄하게 될 거예요. 몸에 대해서 잘 알게 되면 다른 사람의 건강뿐만 아니라 여러분 자신의 건강도 잘 챙길 수 있겠지요?

저의 또 다른 바람은 이 책을 읽은 여러분 중에서 우리 몸의 비밀을 탐구하는 과학자가 꼭 나왔으면 하는 거예요. 현대 의학의 역사는 무려 500년이나 된다고 해요. 그렇게 오랫동안 많은 사람들이 우리 몸을 연구했지만 여전히 우리 몸은 알 수 없는 비밀 덩어리예요. 그래서 이런 일은 많은 사람들이 함께 생각하고 연구해야 한답니다. 여러분 중에는 이 비밀을 벗겨 낼 똑똑한 친구들이 틀림없이 있을 거라고 믿어요. 그런 친구들이 훌륭한 과학자로 성장해서 앞으로 많은 일을 해 주었으면 좋겠어요. 그러면 더 많은 사람들이 건강하고 행복하게 살아갈 수 있을 거예요.

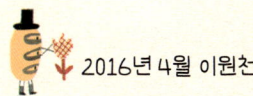

차례

1. 얼굴의 감각 - 눈, 귀, 코, 혀는 특수 감각 기관이야 / 9

2. 피부 - 우리 몸을 보호해 주는 보호막 / 25

3. 근육 - 근육이 없으면 움직일 수 없어 / 37

4. 소화기 - 이 세상 최고의 믹서 / 53

5. 호흡기 - 산소는 받아들이고, 이산화탄소는 내뱉고 / 67

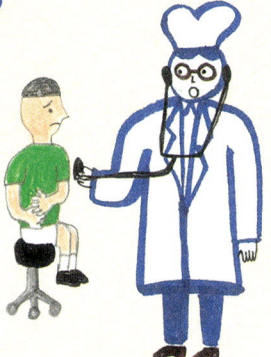

6. **심장** - 생쥐의 심장은 1분에 500번 쿵덕쿵덕 / 81

7. **콩팥** - 최첨단 나노 필터 정수기 / 97

8. **뇌신경** - 우리 몸의 중앙처리장치 / 111

9. **뼈** - 뼈로 지은 튼튼한 몸 / 127

10. **세포** - 우리 몸은 세포가 100조 개 / 141

1
얼굴의 감각

눈, 귀, 코, 혀는 특수 감각 기관이야

오후가 되자 환자가 뜸해졌어요.
하지만 한의원은 향긋한 빵 냄새로 가득했지요.

"어머! 빵이 아주 촉촉하고 고소해요!"

"그래요, 정말 맛있어요. 원장님, 이건 어떻게 하는 거죠?"

간호사들이 감탄하며 빵을 먹고 있었어요.

"땡그랑, 땡그랑."

그때 한 아이가 한의원 문을 열고 들어왔어요. 발목을 접질려서 며칠째 치료를 받고 있는 경태였지요.

"경태 왔구나, 마침 잘됐다. 이거 선생님이 구운 빵인데, 이리 와서 한번 먹어 봐."

그런데…….

경태는 빵을 받아들고도 먹지 않고 잠깐 뜸을 들였어요. 그러더니 슬그머니 빵을 내려놓는 거예요.

"선생님, 전 안 먹어도 괜찮을 거 같아요. 제가 빵만 먹으면 배탈이 나거든요."

"어머, 그렇구나. 이렇게 맛있는 빵을 못 먹어서 어떡하니……."

간호사 누나의 얼굴에는 안타까워하는 표정이 가득했어요.

원장 선생님이 장난스럽게 씽긋 웃으며 경태에게 말했어요.

"경태야, 그럼 내가 소화제가 들어간 빵을 만들어 줄까?"

"네에, 뭐라고요? 그런 이상한 빵은 절대로 먹지 않을 거예요!"

경태는 이미 그 빵을 먹은 것처럼 잔뜩 얼굴을 찡그렸어요.

　어떤 감정을 느끼면 우리는 거기에 맞는 표정을 짓고 행동을 하게 돼. 향긋한 꽃 냄새에 코를 킁킁거리고, 달콤한 케이크를 먹을 때는 행복한 얼굴이 되지. 그중에서도 얼굴은 우리가 느끼는 감정을 가장 잘 나타내. 얼굴만 봐도 '아, 이런 생각을 하고 있구나!' 하고 금방 알아챌 수 있지. 이렇게 얼굴에 감정이 잘 드러나는 건 얼굴에 모여 있는 감각기관 덕분이야. 눈, 귀, 코, 혀에서 무언가를 느끼

면 그게 바로 표정으로 나오는 거지. 눈은 색깔을 보고, 귀는 소리를 듣고, 코는 냄새를 맡고, 입속의 혀는 맛을 느껴. 이걸 시각(빛), 청각(소리), 후각(냄새), 미각(맛)이라고 하는데, 이 네 가지는 몸의 다른 부분에서는 느낄 수 없는 감각이야. 오직 눈, 귀, 코, 혀에서만 느낄 수 있는 아주 특별한 감각이지. 그래서 눈, 귀, 코, 혀를 특수 감각 기관이라고 해.

 냄새를 느끼는 후각은 가장 원시적인 감각이야. 상어처럼 시력이 나쁜 동물은 냄새로 먹이가 있는 곳을 찾아낸다고 해. 눈이 잘 안 보이기는 갓 태어난 아기들도 마찬가지지. 하지만 엄마젖이 어디 있는지는 기가 막히게 찾아낼 수 있어. 아기들도 냄새는 잘 맡을 수 있거든. 사실 우리가 느끼는 음식 맛의 80퍼센트는 냄새라고 해. 그래서 코를 막고 음식을 먹으면 맛을 잘 느낄 수 없어. 감기에 걸렸을 때 입맛이 떨어지는 것도 코가 막혀서 맛을 못 느끼기 때문이야. 냄새를 느끼는 후각 세포는 콧속 비강 위쪽에 모여 있어. 그래서 냄새를 좀 더 잘 맡고 싶을 때 코를 킁킁대는 거야. 그래야 더 많은 공기가 콧속 깊숙이 들어와서 후각 세포가 냄새를 잘 구별할 수 있거

든. 하지만 후각 세포는 한동안 같은 냄새를 맡으면 더 이상 그 냄새를 맡지 못해. 후각 세포는 아주 민감하기 때문에 쉽게 지쳐 버리거든. 냄새를 못 느끼면 곤란할 때도 있지만 오히려 고마울 때도 있어. 냄새나는 화장실 청소를 해야 할 때처럼 말이야.

혀가 느끼는 맛은 짠맛, 단맛, 쓴맛, 신맛 이렇게 네 가지가 있어. 이 네 가지 맛과 온도, 통증이 어우러져서 여러 가지 맛으로 느껴지는 거지. 원래 맛을 본다는 말은 무언가를 판단한다는 뜻이 담겨 있어. 아기들이 처음 보는 물건을 먼저 입에 넣어 보잖아? 맛을 통

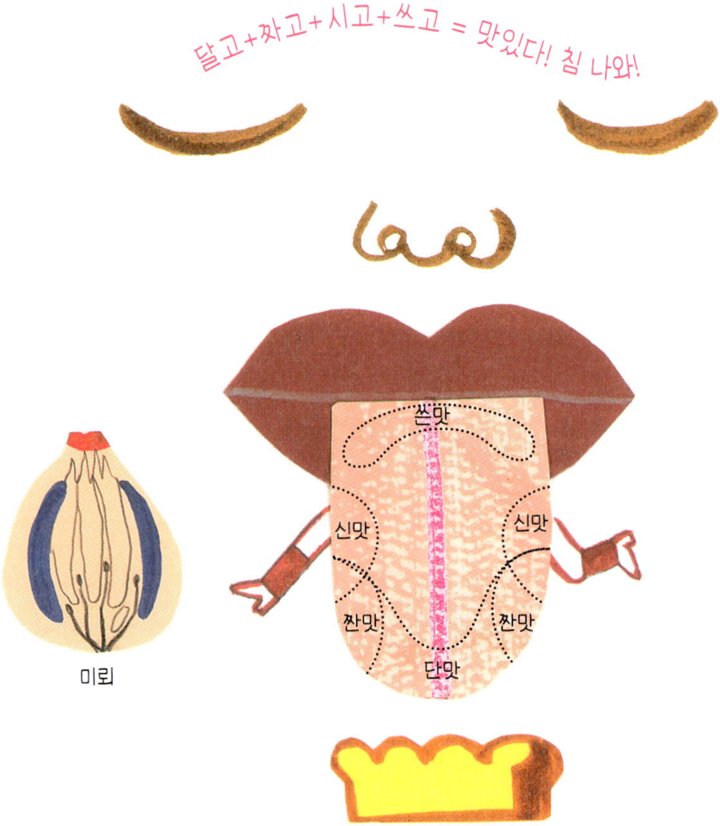

달고+차고+시고+쓰고 = 맛있다! 침 나와!

미뢰

16

해 나에게 좋은 것인지 나쁜 것인지 판단하는 거지. 혀 표면에 있는 '미뢰'는 맛을 느끼는 미각 세포야. 혀는 작은 돌기 모양 미뢰로 뒤덮여 있는데, 혀끝과 가장자리에 더 많이 모여 있어. 미뢰가 많이 있으면 미각도 더 잘 느끼겠지? 그래서 맛이 의심스러울 땐 혀끝만 살짝 대 보는 거야. 또 혀는 부위에 따라 잘 느끼는 맛이 달라. 혀끝은 단맛과 짠맛, 가장자리는 신맛, 혀뿌리 근처는 쓴맛을 특별히 더 잘 느낀다고 해. 그렇다면 쓴맛 나는 음식에 단맛과 짠맛을 잘 느끼는 혀끝을 대면 어떻게 될까? 마찬가지로 쓴맛을 느껴. 혀는 어느 부위든지 맛을 구별하지 못하는 일은 없으니까 말이야.

소리를 듣는 청각은 귀가 담당하고 있어. 우리 귀의 청각은 굉장히 섬세한 감각이야. 수많은 악기 소리가 섞여 있는 음악을 들어도 하나하나 구별해서 들을 수 있을 정도지. 또 우리는 청각을 통해서 소리가 나는 위치를 찾아낼 수도 있어. 우리 뇌는 양쪽 귀에 들리는 소리의 크기와 시간 차이를 감지해서 소리가 난 곳을 알아내. 그래서 누가 부르는 소리를 들으면 자연스럽게 그쪽 방향으로 바라보게 되는 거야. 귀는 소리를 잘 들을 수 있도록 깔때기 모양을 하고 있

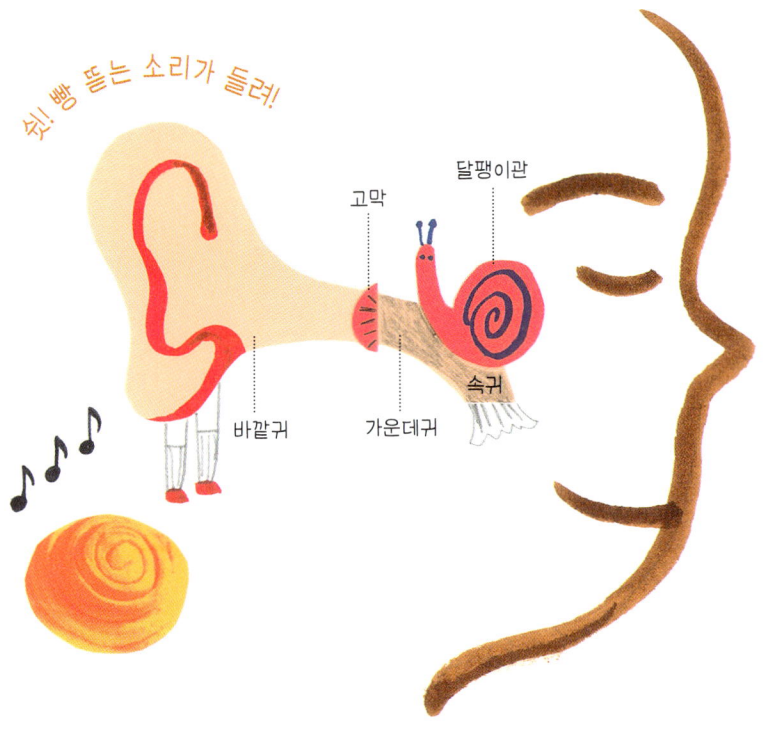

어. 깔때기 모양을 세 부분으로 나누어서 바깥귀, 가운데귀, 속귀라고 해. 겉에 보이는 바깥귀는 소리를 잘 모아서 가운데귀로 전달하는 부분이야. 바깥귀와 가운데귀 사이에 있는 고막이 떨리면서 소리가 가운데귀로 전달되지. 그러면 가운데귀는 소리를 더 크게 만

드는 일을 해. 가운데귀 속에 있는 작은 뼈가 고막에서 울리는 소리보다 20배 이상 큰 소리로 바꿔 주는 거야. 커진 소리는 다시 속귀에 있는 달팽이관으로 전해져. 달팽이관은 달팽이처럼 돌돌 말려 있는 모양을 하고 있는데, 그 속은 림프액으로 가득 차 있어. 가운데귀의 작은 뼈가 진동을 해서 이 림프액을 출렁거리게 하면 그 신호가 뇌로 전해져서 소리를 느끼게 되는 거야. 속귀는 몸의 균형 감각을 담당하는 부분이기도 해. 속귀에 있는 평형기관 덕분에 우리가 지금 어떤 자세를 하고 있는지, 어떻게 움직이는지를 느낄 수 있어.

눈은 우리가 가장 많이 의지하는 감각 기관이야. 우리 몸의 감각 세포 중에서 70퍼센트가 눈에 모여 있다고 해. 시각은 눈 속에 있는 시세포가 담당하고 있어. 우리가 무언가를 본다는 건 시세포가 눈 속으로 들어온 빛을 감지하기 때문에 가능해. 그러려면 빛이 잘 통과할 수 있도록 눈이 항상 깨끗해야겠지? 그래서 눈꺼풀과 속눈썹이 바깥에서 눈을 보호하고 있는 거야. 가끔 먼지가 들어와도 눈을 깜빡일 때 나오는 눈물이 눈을 씻어 주기 때문에 눈은 늘 깨끗한 상태가 돼. 눈은 지름 2.5센티미터 크기의 동그란 공 모양을 하고 있

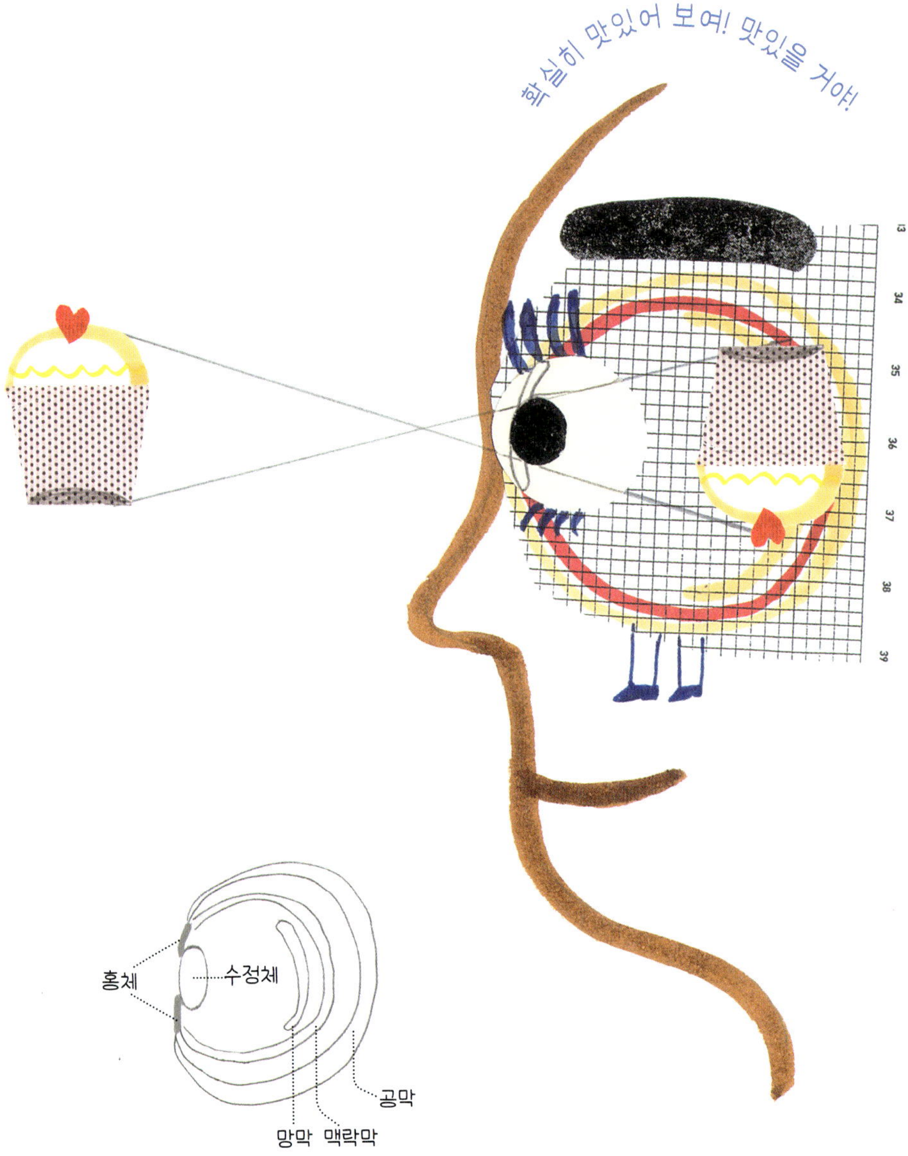

확실히 맛있어 보여! 맛있을 거야!

홍체 — 수정체

공막

망막 맥락막

어. 속은 끈적끈적한 액체로 채워져 있고, 바깥은 막이 세 겹으로 싸여 있지. 가장 안쪽에는 가죽처럼 질긴 '공막'이 있고, 그 앞은 핏줄이 모여 있는 '맥락막', 그리고 그 앞에는 '망막'이 있어. 망막에는 빛을 감지하는 시세포가 수백만 개나 모여 있다고 해. 눈 앞쪽에 있는 '홍채'는 눈으로 들어가는 빛 양을 조절하는 일을 해. 갈색 눈동자, 파란 눈동자라고 할 때의 눈의 색깔이 바로 홍채의 빛깔이야. 홍채 뒤에는 카메라 렌즈 구실을 하는 '수정체'가 있어. 수정체는 두께를 조절해서 빛이 망막에 잘 모이도록 해 주지. 멀리 있는 물체도 또렷하게 잘 볼 수 있는 건 홍채와 수정체가 서로 협조해서 빛이 망막에 잘 비춰지기 때문이야. 시세포가 망막에 모인 빛을 감지하면 마침내 우리들은 무언가를 볼 수 있는 거지.

　치료를 마치고 경태가 돌아가자 간호사가 선생님에게 물었어요.
　"경태는 왜 빵을 먹으면 배탈이 잘 나는 걸까요?"
　"아마 소화기가 약해서 그렇겠죠."
　"하지만, 다른 음식은 안 그러는데 빵만 먹으면 배탈이 난다고 하잖아요."
　선생님도 갑자기 궁금해졌어요.
　'왜 빵만 소화가 잘 안 되는 거지? 원인은 경태의 소화기가 아니라 빵에 있는 것은 아닐까?'
　그러고 보니 빵을 먹으면 소화가 잘 안 된다고 하는 아이들이 여럿 있었어요.
　"먹어도 속이 편안한 빵은 어디 없을까요? 그런 빵이 있다면 경태한테 꼭 사 주고 싶어요."
　간호사가 안타까워하며 말했어요.
　선생님은 퇴근을 하면서 깊은 생각에 빠졌어요.
　'세상에는 경태처럼 배탈이 날까 봐 빵을 잘 먹지 못하는 아이들이 많을 텐데……, 왜 소화가 잘 되는 빵은 아무도 만들지 않는 걸까? 그런 아이들에겐 소화가 잘 되는 빵이 꼭 필요할 텐데……. 그래! 아이들이 마음껏 빵을 먹을 수 있게 내가 그런 빵을 구워 보는 거야!'

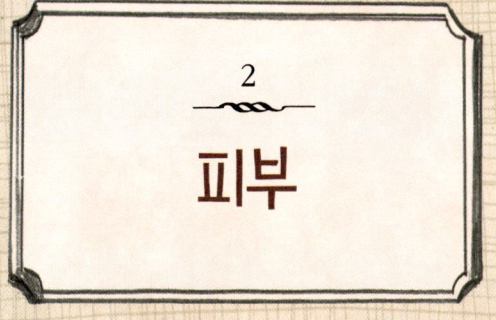

2
피부

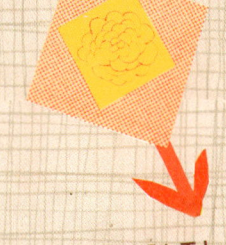

우리 몸을 보호해 주는 보호막

어제까지 매서운 바람이 불더니 오늘은 언제 그랬냐 싶을 정도로 포근한 봄 날이에요.

엄마와 함께 온 남자아이가 진찰을 받고 있어요.

"이름이 명훈이 맞지요? 명훈이는 어디가 아픈가요?"

"네, 팔하고 가슴 앞쪽이 가렵다고 해서요."

엄마가 대답했어요.

명훈이는 긁적긁적, 꼼지락 꼼지락 자꾸 몸을 긁었어요.

선생님은 큰 확대경을 가지고 와서 명훈이 피부를 꼼꼼하게 살펴보았어요. 피부 여기저기에 하얗게 각질이 일어나 있고, 긁어서 빨갛게 된 곳도 보였어요.

"이런, 피부가 너무 건조하네요. 자, 한번 보세요."

선생님은 확대경으로 각질이 생긴 피부를 엄마에게 보여 주었어요.

"어머! 피부가 왜 이렇게 갈라져 있죠?"

"피부가 건조하면 이렇게 갈라지고 구멍이 많아집니다. 그래서 속에 있는 부드러운 피부가 쉽게 드러나게 되지요. 특히 봄에는 꽃가루나 먼지가 많아져서 피부를 자극하니까 더 가렵고요."

"아, 그렇군요. 그럼 어떻게 해야 할까요?"

"우선 갈라져서 약해진 피부에 보호막을 씌워 줘야 합니다. 그러니까 오일과 보습제를 충분히 발라 주세요."

　피부는 옷처럼 몸을 감싸고 지켜 주는 보호막이야. 더위나 추위는 물론이고 위험한 물질이나 세균도 막아 주지. 또 부드럽고 잘 늘어나기 때문에 운동을 할 때도 빈틈없이 몸을 감싸서 지켜 줄 수 있어. 겉으로 보이는 피부는 피부의 한 부분일 뿐이야. 피부는 몸을 잘 보호하려고 여러 겹으로 되어 있거든. 손으로 살갗을 집어 보면 피부가 생각보다 두껍다는 걸 알 수 있을 거야.

　피부는 표피, 진피, 피하조직으로 구분할 수 있어. 그중에서 가장 바깥쪽에 있는 표피는 눈으로 봤을 때 보이는 피부를 말해. 표피는 갑옷처럼 딱딱한 각질로 되어 있어서 긁히거나 찔렸을 때 우리 몸을 보호하는 구실을 해. 그래서 마찰이 많은 부위일수록 각질도 더 튼튼하고 두꺼워. 만약 견디지 못할 정도로 마찰이 많으면 각질이 더 두꺼워져서 '굳은살'이 생기게 되지. 각질은 피부 세포가 죽어서 만들어진 거야. 각질 아래에 있는 부드러운 피부 세포가 죽으면 딱딱한 각질이 되는 거지. 튼튼한 새 각질이 계속 생겨나기 때문에 긁혀서 떨어져 나가더라도 각질층은 금방 회복할 수 있어. 오래된 각질은 날마다 조금씩 떨어져 나가는데, 한 달 정도 지나면 완전히 새로운 각질층으로 변하지. 비듬이나 때도 떨어져 나간 각질이야. 손톱과 발톱, 머리카락도 각질로 되어 있어. 표피에 있는 각질보다 더 단단한 각질로 되어 있어서 훨씬 튼튼하지. 그러다 보니 각질이 저절로 떨어지지 않아 매번 직접 잘라 줘야 하는 거야. 또 표피에서는 멜라닌 색소도 만들어 내. 멜라닌 색소는 세포가 햇빛을 가리고 싶을 때 쓰는 커튼이야. 멜라닌 색소는 햇빛에 있는 자외선을 흡수해 세포를 보호해 주거든. 자외선을 너무 많이 쐬면 세포의 DNA가 파괴될 수 있어. 그래서 햇빛이 너무 강할 때는 세포가 멜라닌 색소를 흡수해서 햇빛을 막는 거지. 여름에 밖에서 오랫동안 놀고 나면 피부가 까맣게 타는 것도 멜라닌 색소 때문이야. 또 얼굴의 주근깨도 멜라닌 색소가 모여서 생긴 거야. 멜라닌 색소의 양에 따라 피부색도 달라져. 흑인처럼 피부색이 짙은 사람은 멜라닌 색소가 다른 사람보다 더 많은 거지. 재미있는 건 멜라닌 색소를 만들어 내는 흑색 세포의 숫자는 피부색에 상관없이 거의 같다는 점이야. 그러니까 피부색은 환경에 적응하면서 달라진다는 거지.

표피 아래에는 피부의 두 번째 층인 진피가 있어. 동물의 가죽과 비슷하다고 생각하면 될 거야. 진피는 부드러우면서도 탄력이 있어서 스타킹처럼 몸을 단단히 감싸고 있어. 표피와 진피가 만나는 부분은 서로 잘 달라붙기 위해 울퉁불퉁하게 되어 있지. 이 울퉁불퉁한 부분 때문에 피부에 일정한 무늬가 생기는데, 지문도 그렇게 해서 생겨난 거야. 진피는 표피보다 훨씬 더 두꺼워서, 가장 두꺼운 곳은 4밀리미터나 된다고 해. 그래서 영양분을 날라 주는 핏줄,

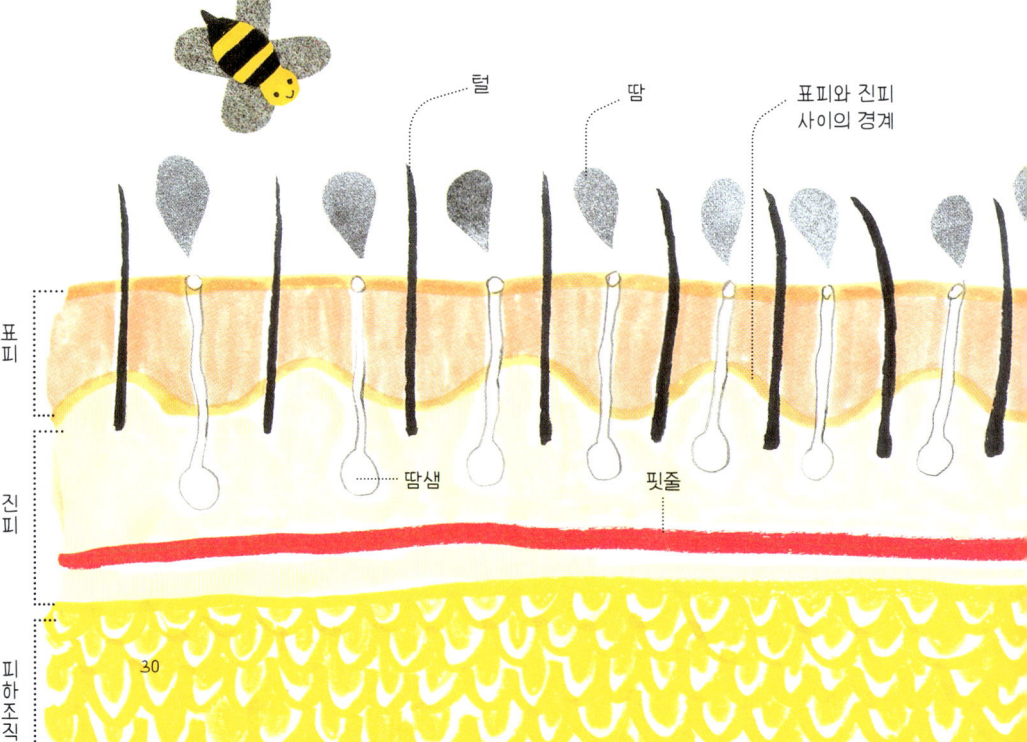

감각을 느끼는 신경, 땀을 만들어 내는 땀샘, 기름을 분비하는 기름샘, 털을 만드는 털뿌리까지 모두 진피에 모여 있어. 표피의 색깔은 멜라닌 색소에 따라 달라지지만, 핏줄이 많은 진피는 피부색과 관계없이 붉은색을 띠게 돼. 부끄러울 때 얼굴이 붉게 변하는 것도 진피에 있는 핏줄에 피가 몰려서 그런 거야. 땀샘에서 만들어 내는 땀은 우리 몸이 너무 뜨거워지지 않도록 식혀 주는 일을 해. 우리가 느끼지 못하지만 가만히 앉아 있을 때도 피부에서는 계속해

서 땀이 나와 체온을 조절하고 있어. 활동하지 않는 날에도 땀은 하루 동안 500밀리리터나 나오고, 무더운 날에는 하루 12리터까지 날 수 있다고 해. 땀은 체온과 상관없이 기분에 따라 날 때도 있어. 당황하거나 긴장했을 때, 그리고 무서운 이야기를 들었을 때는 '식은땀'이 나지. 신기하게도 더위를 식혀 주는 땀은 이마에서부터 흐르기 시작하지만, 식은땀은 손바닥이나 발바닥에서 먼저 난다고 해.

피부의 가장 아래쪽에는 피하조직이 있어. 피하조직은 피부를 근육에 고정시켜 주는 부분이야. 하지만 완전히 달라붙어 있지는 않아서 피부는 쉽게 움직일 수 있어. 단단하게 고정하는 것이 더 좋지 않을까, 하고 생각하겠지만 우리 몸을 보호하는 데는 오히려 느슨한 쪽이 더 좋아. 오뚝이 인형이 넘어졌다가 다시 일어나는 것처럼 피부가 흐물거리면서 충격을 줄여 주거든. 피하조직에는 지방도 아주 많아. 지방은 우리 몸이 나중에 에너지가 필요할 때를 대비해 미리 저장해 둔 건데, 남자들은 배, 여자들은 가슴과 허벅지 피부에 주로 쌓여 있어. 또 지방은 두꺼운 옷처럼 체온을 지켜 주는 구실도 해. 지방이 직접 열을 낼 수는 없지만, 옷을 입었을 때처럼 몸속의 열기를 잘 감싸 줘서 몸이 차가워지는 것을 막아 주는 거지. 그래서 북극

곰이나 고래처럼 추운 곳에 사는 동물들은 지방층이 아주 두꺼워.

　피부에서 느끼는 감각을 촉각이라고 해. 피부에 있는 감각 세포와 신경을 통해서 느끼는 감각이지. 몸 여기저기에서 같은 감각을 느낄 수 있기 때문에 피부를 일반 감각기관이라고 해. 촉각에는 여러 감각이 있어. 아픈 통증은 물론이고, 무언가에 닿는 느낌, 간지러움, 당기거나 누르는 느낌, 차가움, 뜨거움이 모두 촉각이야. 바늘에 찔리거나 뜨거운 냄비를 만지면 우리 몸은 위험하다는 느낌을 받고 바로 움츠러들지. 이렇게 촉각은 우리가 위험한 것을 미리 알아채서 도망칠 수 있게 도와줘. 또 촉각은 좋은 감정을 표현하는 데도 필요해. 엄마가 사랑스럽게 안아 주면 행복한 느낌이 들고, 배가 아플 때 배를 쓰다듬어 주면 몸이 편안해지는 것을 느끼는 것처럼 말이야. 피부에 있는 털은 벌레가 달라붙으면 그것을 바로 알게 해 줘. 털뿌리에는 신경이 연결되어 있어서 털이 움직이는 것을 느낄 수 있거든. 벌레가 움직이면서 털을 건드리거나 바람이 불어서 털이 움직이게 되면 그곳이 어딘지 바로 알 수 있어. 그래서 벌레에 쏘이기 전에 미리 피할 수 있고, 롤러코스터를 탈 때 짜릿한 재미도 느낄 수 있는 거야.

선생님은 먹어도 속이 편안한 빵을 구워 보기로 결심했어요. 우선 빵에 들어가는 재료부터 하나하나 살펴봤지요. 빵에는 갖가지 재료가 들어가요.

　밀가루와 물, 소금은 기본이고요. 빵을 부풀게 해 주는 효모, 빵맛을 달콤하게 해 주는 설탕, 촉촉하고 부드러운 느낌을 주는 우유도 들어가요. 또 고소한 맛을 내기 위해 버터와 쫄깃한 맛을 내 주는 계란이 들어가기도 해요.

　선생님은 빵 조리법을 살펴보다가 얼굴이 환해졌어요.

　'아! 빵에 들어가는 재료가 문제였구나! 위장이 안 좋은 사람은 설탕이 많아도 소화가 잘 안 될 거야. 또 원래 우유나 버터를 잘 소화하지 못하는 사람도 있고 말이야. 게다가 달걀 알레르기가 있는 사람도 있잖아? 이런 재료가 들어간 빵을 먹으니까 속이 불편해지는 거였어!'

　선생님은 소화가 잘 안 될 것 같은 재료를 하나씩 빼기 시작했어요. 그렇게 줄여 나가다 보니 결국 단 네 가지 재료만 남게 되었지요.

　밀가루, 소금, 효모, 물.

　빵을 만드는 가장 기본적인 재료예요.

　하지만 선생님은 밀가루와 효모 때문에 다시 고민이 되었어요.

　'소금과 물은 다른 음식에도 들어가니까 문제가 없을 거 같은데……, 밀가루와 효모는 어떤 걸 써야 하지? 아무 밀가루를 써도 괜찮은 걸까?'

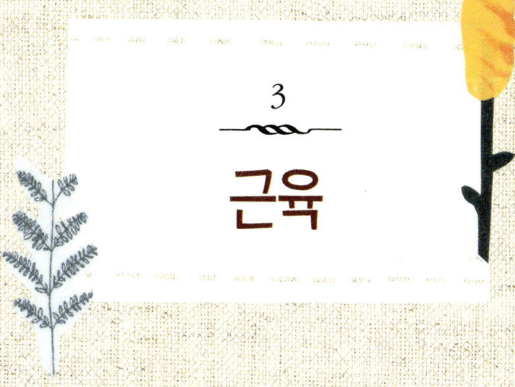

3
근육

근육이 없으면 움직일 수 없어

오늘은 큰딸 동영이가 다니는 초등학교에 운동회가 있는 날, 선생님도 동영이와 함께 응원을 하고 있습니다. 지금 하고 있는 이어달리기가 오늘 우승을 하는 데 가장 중요한 경기입니다. 아이들도 응원에 열을 올립니다.

마지막 주자가 바통을 이어받자 아이들은 벌떡 일어나 소리를 지릅니다.

"우리 청군 이겨라! 우리 청군 이겨라!"

"우리 백군 이겨라! 우리 백군 이겨라!"

그런데, 잘 달리던 동영이네 반 주자가 갑자기 다리를 잡고 풀썩 주저앉아 버립니다.

아이들이 술렁거리고 경기 진행을 맡아보던 담임 선생님이 달려갑니다.

고통스런 얼굴로 종아리를 잡고 있는 걸 보니 아무래도 다리에 쥐가 난 모양입니다.

"아빠, 왜 그런 거야? 어디 다친 거 아니야?"

동영이가 걱정스러운 얼굴을 하며 물어봅니다.

"아니야, 쟤가 이번에 꼭 1등을 하고 싶었나 봐. 너무 빨리 달리려다 보니까 근육이 뭉쳐서 쥐가 난 거 같아. 스트레칭을 해서 근육만 풀어 주면 금방 괜찮아질 거야."

넘어졌던 아이는 다시 일어나 천천히 나머지 구간을 달리기 시작합니다. 이미 1등을 놓쳐 버렸지만 포기하지 않고 끝까지 달리는 모습에 아이들 모두 한마음으로 박수를 보냅니다.

　하루 동안에도 우리는 아주 많은 활동을 해. 아침에 일어나면 씻고 아침밥을 먹고 이도 닦아야 하지. 그리고 학교에 가서 친구들과 얘기도 하고 재미있는 놀이도 해. 늘 하는 일이니까 별로 신기하게 보이지 않겠지만 사실은 두 발로 걸을 수 있는 것만 해도 아주 굉장한 일이야. 태어난 지 얼마 안 된 아기를 봐 봐. 걷기는커녕 기어 다니지도 못하잖아?

　우리가 움직일 수 있는 건 근육이 있기 때문이야. 근육이 줄어들었다가 펴지면서 우리 몸의 움직임을 만들어 내는 거지. 아기들이 잘 걷지 못하는 것도 아직 근육이 발달하지 않아서 그래. 걷는다는 건 팔다리 근육이 잘 협조해서 움직여 줘야 가능한 일이거든. 아기들이 제대로 걸으려면 아마 한 1년쯤은 부지런히 연습해야 할걸. 그리고 저절로 움직이기 때문에 잘 느끼지 못하겠지만, 심장이 뛰고 위가 음식을 소화시키는 모든 활동도 근육이 하는 거야.

　운동을 많이 하면 몸이 튼튼해지면서 근육도 점점 커지게 돼. 많이 움직일수록 우리 몸은 더 크고 강한 근육을 만들어 내거든. 그러면 힘도 세지고 운동도 더 잘할 수 있지. 사람들이 자기 근육을 자랑하고 싶을 때 팔을 구부려 근육이 볼록하게 나오는 걸 보여 주잖아? 그때 볼록하게 나오는 근육이 이두박근이야. 반대로 팔을 펴 주는 근육이 삼두박근이지. 근육이 움직이는 모습을 가만히 보면 피부 아래에서 뭔가 움직이는 것 같지? 로마 사람들은 그게 작은 생쥐(mus)처럼 보였나 봐. 그래서 근육(muscle·머슬)이라 했대. 이두

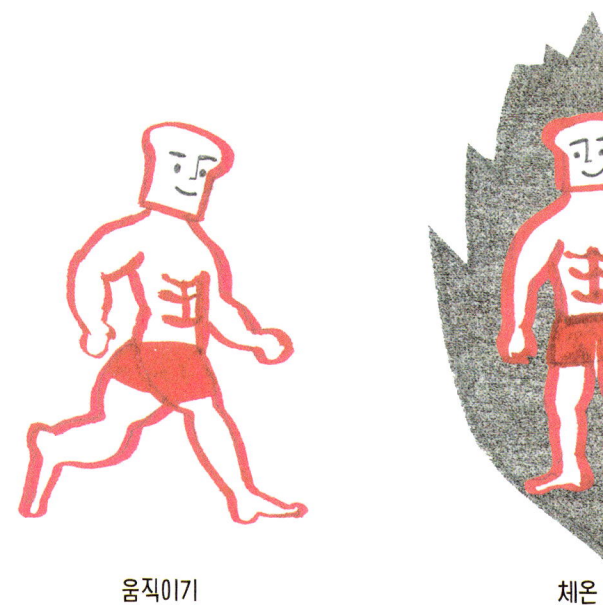

움직이기   체온 유지

박근과 삼두박근처럼 뼈를 움직일 수 있게 해 주는 근육을 '뼈대근육'이라고 해. 무거운 물건을 들 때 '불끈'하고 힘이 들어가는 근육이지. 뼈와 뼈를 연결해 주고, 뼈를 덮어서 보호하는 노릇도 해. 뼈대근육은 피부 아래쪽에 있으니까 쉽게 만져 볼 수 있을 거야.

  뼈대근육은 원하는 대로 움직일 수 있는 근육이야. 덕분에 우리는 물건을 들거나 걷는 것과 같은 여러 '동작'을 할 수 있어. 지금 읽고 있는 이 책 책장을 넘기는 것도 뼈대근육 덕분이지. 또 앉아 있

물건 들기

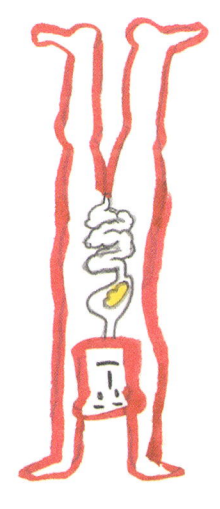

자세 유지

뼈와 뼈를 연결해 주는 뼈대근육

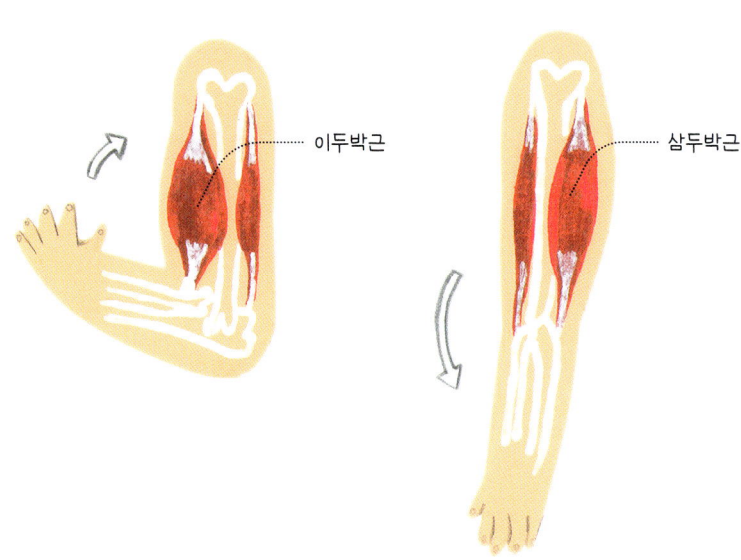

이두박근
삼두박근

거나 서 있는 '자세'를 할 때도 뼈대근육이 필요해. 근육이 힘을 주지 않으면 우린 바로 쓰러져 버리고 말 거야.

뼈대근육은 뼈와 뼈를 연결해 주는 밧줄과 같아. 연결해서 단단히 고정해 주기도 하고 뼈를 움직여 주는 역할도 해. 근육에 힘을 주면 뼈를 잡아당기기 때문에 뼈가 움직이게 되는 거지. 힘을 많이 주려면 뼈대근육이 아주 튼튼해야겠지? 그래서 뼈대근육은 머리카락처럼 가느다란 근육 섬유가 모여 있어. 마치 여러 가닥 실이 모여서 굵고 튼튼한 밧줄이 되는 것처럼 말이야. 현미경으로 뼈대근육을 관찰해 보면 근육 섬유로 이루어진 줄무늬를 볼 수 있을 거야. 적당한 굵기로 모여진 근육 섬유는 보자기 같은 막이 감싸고 있어. 그래야 움직일 때 흐트러지지 않고 함께 힘을 쓸 수 있거든.

하루 동안 활동을 하려면 근육은 아주 많은 에너지가 필요해. 근육에 연결된 많은 혈관 덕분에 필요한 산소와 영양분을 충분히 받을 수 있지. 근육이 붉은색을 띠는 것은 그만큼 혈관이 많이 연결되어 있기 때문이야. 많이 움직이는 근육일수록 색깔이 더 붉지. 닭다리 살이 가슴살보다 더 붉은 것도 닭이 날개보다 다리를 더 많이 쓰기 때문이야. 근육이 활동을 하고 나면 열이 나는데, 이 열이 정말 중요해. 왜냐 하면 우리 몸의 온도, 즉 체온을 일정하게 유지하는 노릇을 하기 때문이지. 추울 때 나도 모르게 몸을 부르르 떠는 것도 근육을 움직여서 빨리 체온을 올리려는 몸짓이라고 해. 뼈대근육이 우리 몸무게의 절반이나 되니까 추운 날씨도 잘 견딜 수 있는 거지.

우리가 뼈대근육을 마음대로 움직일 수 있는 건 근육에 연결된 신경 덕분이야. 근육마다 신경이 하나씩 연결되어 있으니까 근육을 따로따로 움직이는 게 가능해. 그래서 글씨 쓰기나 종이접기처럼 복잡한 동작도 할 수 있는 거야. 눈이나 뒷목에 있는 근육처럼 아주 정확하게 움직여야 하는 근육에는 신경이 아주 많이 연결되어 있어. 신경 하나가 근육 섬유를 적당히 담당하고 있어서 더 정교하게 움직일 수 있는 거지. 신경은 근육을 유지하는 데도 중요한 구실을 해. 근육은 쉬고 있을 때도 완전히 늘어나 있지 않고 살짝 힘을 주고 있어. 그래야 근육이 약해지지 않거든. 이렇게 근육을 약간 긴장하게 하는 것도 신경이 하는 일이야. 만약 신경이 없다면 근육을 움직일 수 없는 건 물론이고 긴장이 사라져서 근육이 점점 작아지고 말 거야.

부끄럽지만 우리는 근육이 없어
이렇게 누워만 있어요.

우리가 직접 움직일 수 없는 근육에는 내장근육과 심장근육이 있어. 주로 숨쉬기나 음식을 소화하는 것처럼 멈추지 않고 계속해야 하는 일을 맡고 있지. 이런 일은 우리가 직접 하기보다는 누군가 알아서 해 주는 편이 훨씬 편리해. 숨을 쉴 때마다 폐를 직접 움직여야 한다면 너무 불편할 거야. 아마 하루 종일 숨을 쉬는 일에만 마음을 써야 할걸. 이 근육은 저절로 움직이기 때문에 보통 때는 움직이고 있는지조차도 느낄 수 없어. 하지만 배가 고파서 '꼬르륵' 소리가 나거나 놀라서 가슴이 쿵쾅거릴 때는 쉽게 느낄 수 있지.

내장근육은 위장처럼 속이 비어 있는 내장에 있는 근육을 말해. 꿈틀꿈틀하면서 속에 채워진 것을 이동시키는 일을 하지. 위장이 음식을 잘 섞어서 작은창자로 보내고, 방광이 오줌을 내보내는 것처럼 말이야. 내장근육 중에는 '조임근'이라는 도넛 모양의 특별한 근육도 있어. 조였다가 풀어지기를 반복하면서 내용물이 들어오고 나갈 때 문지기 노릇을 하는 근육이지. 물구나무를 서도 토하지 않는 것은 위장 입구에 있는 조임근 덕분이야.

내장근육은 아주 느릿느릿 천천히 움직이는 근육이야. 대신 잘 지치지 않기 때문에 뼈대근육처럼 '쥐'가 나는 일은 거의 없어. 내장근육은 원래 길이의 두 배까지 늘어날 수 있을 정도로 신축성이 아주 뛰어나. 우리가 뷔페에서 평소보다 두 배나 많이 먹을 수 있는 것도 위장근육이 잘 늘어나기 때문이지.

  심장근육은 심장의 벽을 이루고 있는 근육이야. 심장은 피가 온몸으로 잘 흘러 다니도록 하는 일을 맡고 있어. 우리가 살아가는 동안 심장은 단 한 순간도 쉬지 않고 계속 뛰어야 해. 만약 심장이 멈춰 버린다면 피가 돌지 않게 돼서 살 수 없을 거야. 그러다 보니 심장은 뼈대근육처럼 힘이 세고 내장근육처럼 잘 지치지 않는 특별한 근육으로 되어 있어. 1분에 75번, 평생 동안 275억 번이나 뛸 수 있다고 해. 심장근육의 또 다른 특징은 근육 섬유에 마디가 있다는 점이야. 그래서 도미노처럼 차례대로 수축할 수 있어. 치약을 짤 때 아래쪽부터 짜면서 올라오면 훨씬 더 잘 짤 수 있잖아? 그것처럼 심장도 위쪽부터 차례대로 근육이 오므라들면서 피를 짜내는 거야. 그렇게 해서 신장은 더 많은 피를 온몸으로 뿜어낼 수 있어.

선생님은 사람들이 빵을 먹으면 소화가 잘 안 된다는 말이 이상했어요.
'밀가루 빵은 오랫동안 사람들이 먹어 왔던 건데……, 뭐가 달라진 걸까?'
빵에 들어가는 다른 재료도 중요하지만, 역시 빵의 주재료는 밀가루!
선생님은 먹었을 때 속이 편안한 빵을 구우려면 우선 밀가루부터 조사해야겠다고 마음먹었어요.
그러다 문득, 약재 '맥아'가 떠올랐어요. 식혜를 할 때도 쓰는 맥아는 보리에 싹을 틔운 것인데, 예부터 소화가 잘 안 되는 아이들에게 먹이는 약이에요. 맥아의 씨눈에는 소화를 돕는 성분이 많이 들어 있거든요.
'아! 밀가루에 씨눈이 빠져 있구나!'
옛날 밀은 방아를 찧어서 겉껍질 겨만 벗겨 그것을 갈아 밀가루를 냈어요. 그런데 현대에는 겨뿐만 아니라 밀 표면까지 갈아낼 수 있어요. 이렇게 밀 표면을 하얗게 갈 때 씨눈도 같이 떨어져 나가 버리는 거지요. 그래서 옛날 밀가루는 누른빛을 띠는데 요즘 밀가루는 새하얀 거예요. 하지만 새하얀 대신 소화에 좋은 씨눈이 없어져 버리기 때문에 빵을 먹으면 소화가 잘 안 되는 거지요.
선생님은 씨눈 성분이 들어 있는 통밀가루를 섞어서 빵을 굽기로 했어요.

4

소화기

이 세상 최고의 믹서

54

엄마 손을 잡고 진료실에 들어온 영식이는 작고 메마른 아이였어요.
"선생님, 우리 영식이는 배가 잘 아파요. 그래서 그런지 설사도 자주 하고요."
잠깐 있는 배탈이려니 했다가 몇 달째 계속되니까 이제는 엄마도 속이 탔어요.
"음식을 바꿔 봐도 도통 설사가 멈추지 않아요. 왜 그럴까요?"
선생님은 진맥을 하고, 배를 만져 보고, 영식이에게 물었어요.
"밥을 먹고 나면 금방 배가 아프니?"
"먹고 나면 더부룩한 느낌이 들다가 점점 배가 아파요."
선생님은 영식이 엄마에게 말했어요.
"영식이처럼 배가 아프고 설사를 자주 하는 건 장 기능이 약해서 그래요. 당분간은 소화가 잘 되는 음식 위주로 해 주세요. 유산균이 많아 장에 좋은 발효식품, 예를 들면 김치, 된장, 요구르트를 자주 먹는 게 좋고요, 비피더스 영양제를 먹는 것도 도움이 됩니다."
"그렇게 하면 설사가 좋아질까요?"
엄마가 걱정스러운 얼굴로 물었어요.
"그럼요, 장 기능을 회복하면 밥도 잘 먹고 앞으로 쑥쑥 잘 자랄 겁니다."

   음식을 먹는 건 정말 즐거운 일이야. 기분이 나빴다가도 달콤한 아이스크림을 먹으면 어느새 화가 스르르 녹아 버리지. 하지만 맛있는 것만 골라 먹어선 안 돼. 몸에 필요한 '영양소'를 충분히 먹어야 힘도 세지고 쑥쑥 자랄 수 있거든. 그러니까 맛이 없더라도 음식을 골고루 먹어야 하는 거야.

   음식이 몸속에 들어오면 우리 몸은 그걸 '소화'하기 시작해. 소화는 우리 몸에 필요한 영양소를 찾아내는 일이야. 영양소를 흡수해서 세포에게 보내 줘야 하거든. 그런데 세포는 눈에 안 보일 정도로 조그맣잖아? 그래서 세포가 먹을 수 있도록 음식을 아주아주 작은 조각으로 갈아 주는 거야. 큰 고깃덩어리도 소화를 거치면 0.1밀리미터도 안 되는 작은 영양소 알갱이로 변하게 돼. 그리고 그 영양소마저도 분해되면 그때야 비로소 세포에게 보내는 거지.

   우리 몸에 필요한 영양소는 탄수화물, 단백질, 지방, 비타민, 무기질, 물, 이렇게 여섯 가지가 있어. 단백질과 무기질은 우리 몸이 자라는 데 꼭 필요한 영양소야. 바로 근육과 뼈의 재료가 되거든. 탄수화물, 단백질, 지방은 기운을 낼 수 있게 해 주는 영양소야. 우리가 먹는 음식도 거의 다 이 세 가지로 되어 있어. 탄수화물은 달콤한 맛, 단백질은 쫄깃쫄깃 감칠맛, 지방은 고소한 맛을 내지. 이 세 가지가 분해되어서 포도당, 아미노산, 지방산으로 바뀐 뒤에 드디어 세포가 쓸 수 있는 거야.

입속에 음식이 들어오면 먼저 이로 씹어서 잘게 부숴야 해. 더 작게 부술수록 소화가 잘 되거든. 이 모양이 여러 가지인 것도 그 때문이야. 그러니까 음식을 먹을 때는 대충 씹지 말고 꼭꼭 잘 씹어야겠지?

음식 조각은 침샘에서 나오는 침과 섞이게 돼. 입천장과 입술, 볼에 있는 근육이 밖으로 음식이 새지 않도록 막아 주고 혀가 음식과 침을 섞어서 둥글둥글하게 말지. 그래야 목구멍으로 삼킬 때 부드럽게 잘 넘어가거든.

음식과 침을 섞어 주는 까닭이 하나 더 있어. 그건 바로 침에 들어 있는 아밀라아제 때문이야. 아밀라아제는 녹말을 분해하는 '소화 효소'인데, 음식과 섞이면 활동을 하기 시작해. 그래서 밥을 오

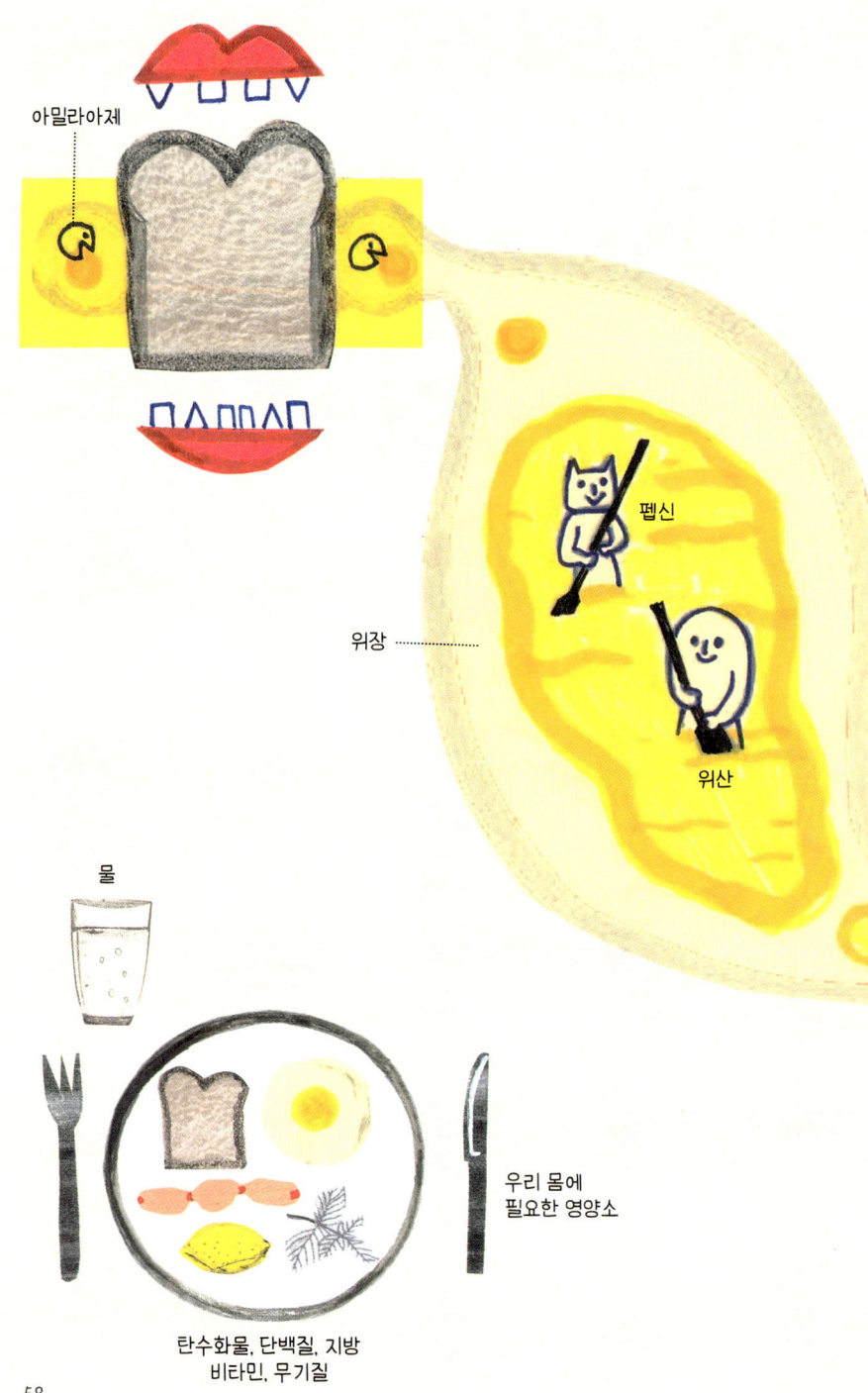

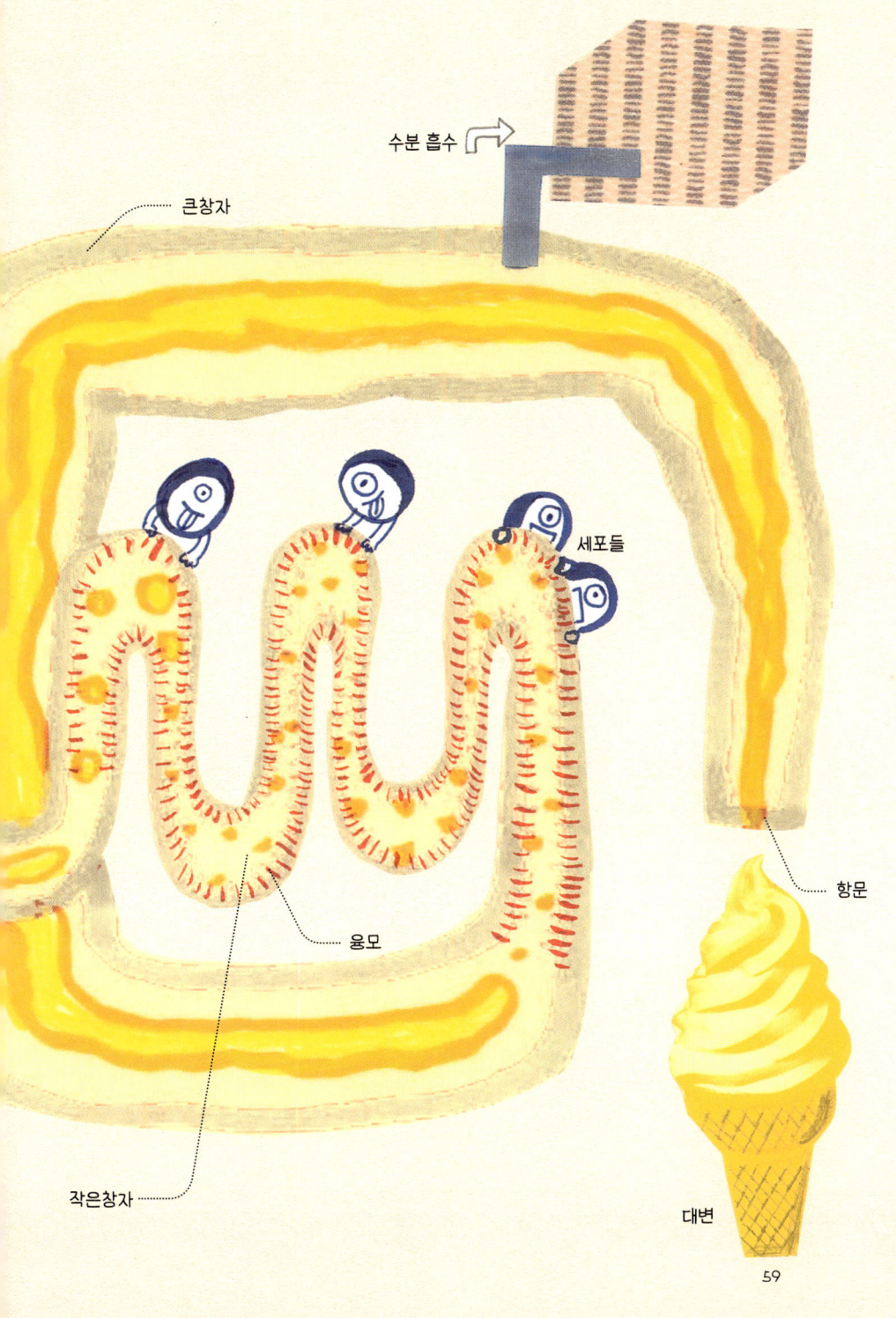

랫동안 씹으면 달짝지근한 맛이 나는 거지.

소화 효소는 음식을 잘게 분해해 주는 단백질이야. 음식을 아무리 꼭꼭 씹어도 세포가 먹을 수 있을 만큼 작게 만들기는 어렵겠지? 그때 소화 효소가 음식에 달라붙어서 아주 작은 영양소 알갱이로 만들어 주는 거야.

음식을 씹다가 적당히 뭉쳐지면 '꿀꺽'하고 삼키게 돼. 그때 목구멍이 열리면서 식도 안으로 음식이 넘어가지. 그러면 식도가 꿈틀꿈틀 움직여서 음식을 위장까지 보내는 거야. 평소에 식도는 바람 빠진 풍선처럼 납작한 모양을 하고 있어. 그러다가 음식이 들어오면 볼록해지면서 움직이기 시작하지. 굉장히 느릴 것 같지만 위장까지 음식을 보내는 데 겨우 9초밖에 안 걸린다고 해. 아주 쉬운 일을 '누워서 떡먹기'라고 하잖아? 하지만 식도가 움직이지 않는다면 누워서 떡먹기만큼 어려운 일도 없을 거야.

위장은 음식을 담고 있으면서 조물조물 섞어 주는 일을 해. 그래서 주머니 모양을 하고 있지. 입에서 음식을 씹으면서 대충 섞어 주었다면, 위장은 음식을 부드러운 죽처럼 만들어 줘. 위장에서 분비되는 위산은 단단한 뼈도 녹여 버릴 수 있거든. 그래서 어떤 음식이라도 6시간만 위장에 있으면 원래 뭐였는지 알 수 없게 되는 거지. 또 위장에는 '펩신'이라는 소화 효소가 있어. 펩신은 고기에 들어 있는 단백질을 분해하는 효소야. 혀가 음식과 침을 섞어 주는 것처럼 위장에 있는 근육도 음식에 위산과 펩신을 섞어 주는 일을 해. 위장 근육은 세로·가로·비스듬한 방향으로 되어 있어서 골고루 섞을 수 있어. 이렇게 해서 죽처럼 변한 음식은 작은창자로 넘어가게 되지.

작은창자는 간과 이자에서 내는 소화 효소가 모이는 곳이야. 여기서부터는 소화 효소가 본격으로 활동하기 시작하지. 부드러워진 음식에 소화 효소가 달라붙어서 세포가 먹을 수 있을 만큼 작은 영양소 알갱이로 분해하는 거야. 이렇게 생겨난 영양소는 작은창자에 있는 융모에서 흡수하지. 작은창자 안쪽은 칫솔처럼 가느다란 털이 빽빽하게 덮여 있는데, 그 길이가 6미터나 돼서 영양소를 하나도 놓치지 않고 흡수할 수 있어. 풀을 먹고 사는 소는 작은창자가 60미터나 된다고 해. 풀은 섬유질이 많아서 소화하는 데 시간이 훨씬 많이 걸리니까 작은창자가 더 길어야 하겠지? 흡수한 영양소는 종류에 따라 각각 다른 곳으로 이동하게 돼. 지방을 분해해서 생긴 지방산은 림프관을 따라 핏속으로 흘러가고, 탄수화물과 단백질에

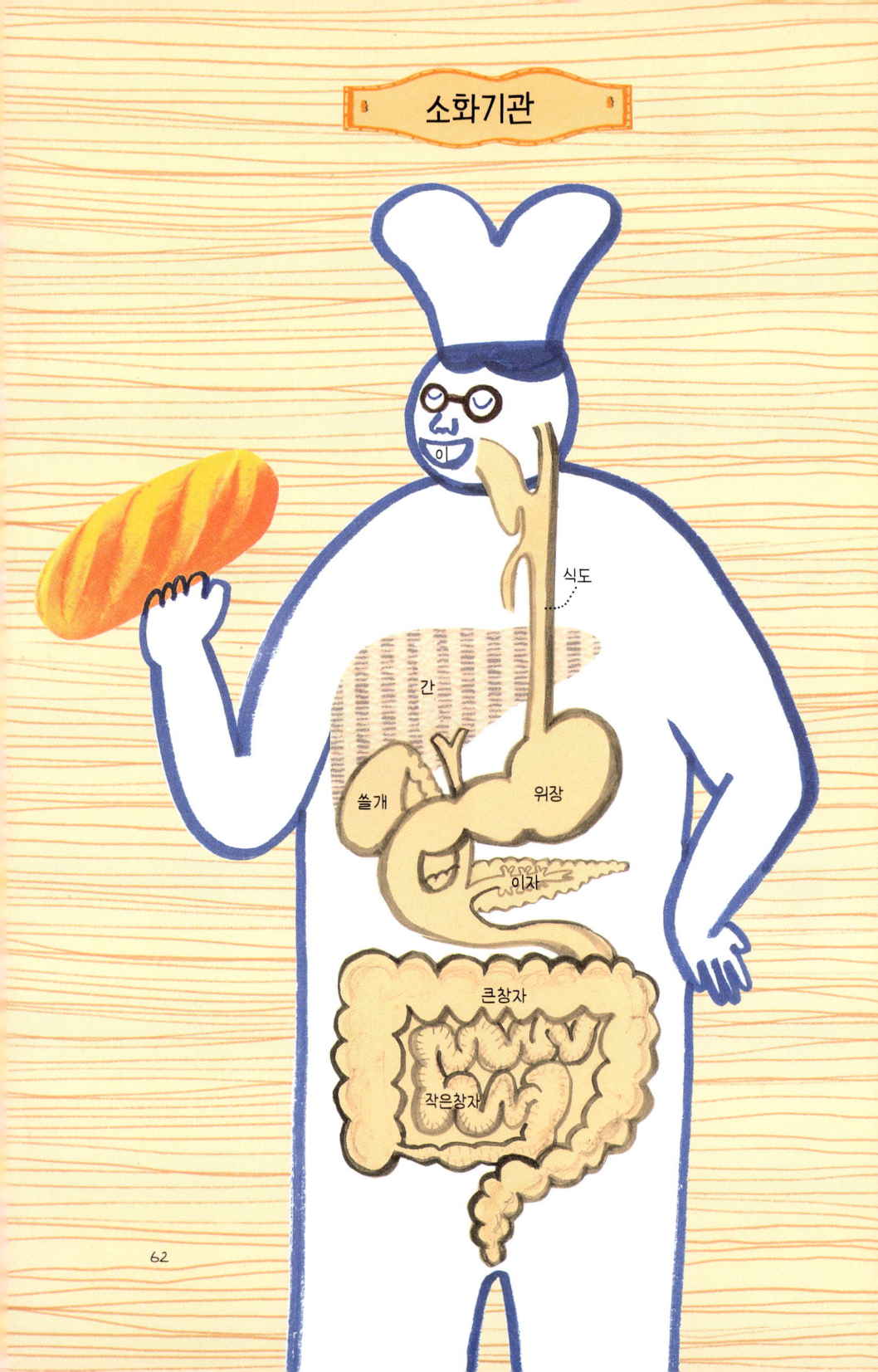

서 생긴 포도당과 아미노산은 간으로 보내져. 간에서는 영양소를 핏속으로 보내기도 하고 다시 처리를 해서 세포가 원하는 것을 새로 만들기도 해. 그래도 남으면 잠깐 보관하는 창고 역할도 하지. 영양소를 처리하다가 쓰레기가 생기면 간에서 잘 처리해서 소변으로 내보내. 이걸 해독 작용이라고 해. 그래서 간을 거쳐 간 피는 쓰레기가 없고 영양소가 가득하게 되는 거야.

 작은창자에서 영양소를 흡수하고 남은 찌꺼기는 큰창자로 흘러가게 돼. 작은창자보다 두 배나 더 굵기 때문에 이름이 큰창자야. 작은창자에서 워낙 잘 흡수했기 때문에 큰창자로 들어가는 찌꺼기는 얼마 안 돼. 처음에 음식 1킬로그램을 먹었다면 큰창자에 도착하는 찌꺼기는 겨우 100그램 정도에 불과하지. 하지만 여기에도 아직 남아 있는 영양소가 있어. 그건 바로 물이야. 대장은 이 찌꺼기 속에 들어 있는 물마저 흡수해. 물이 빠진 찌꺼기는 굳어져서 대변이 되겠지. 만약 찌꺼기가 큰창자 안을 너무 빨리 지나가면 물이 많이 남아 있어서 설사가 되고, 반대로 너무 오래 있어서 물이 거의 흡수되어 버리면 변비가 되는 거지. 대변은 큰창자에 모여 있다가 항문을 통해서 몸 밖으로 빠져 나가게 돼. 이렇게 입에서 시작한 음식의 긴 몸속 여행은 마침내 끝이 나는 거야.

빵을 먹고 나서 속이 더부룩하고 배에 가스가 차는 건 효모 때문이었어요. 효모가 너무 많았던 거죠. 하지만 빵을 부풀게 하려면 효모가 꼭 필요해요. 효모를 넣지 않은 반죽을 구우면 접시처럼 납작한 밀가루 덩어리가 되고 말 거예요.

선생님은 해결책을 찾기 위해 고민에 빠졌어요.

그렇게 며칠이 지나도 좋은 방법이 떠오르지 않았어요.

'정말 무슨 수가 없을까? 벌써 며칠이나 지났는데……, 잠깐, 시간이 흐른다고?'

그 순간 선생님은 속으로 '유레카'를 외쳤어요!

'그래, 바로 그거야! 효모 양만 중요한 게 아니었어. 치즈처럼 오랫동안 발효시키는 경우도 있잖아? 효모가 적어도 오랫동안 발효하면 반죽이 부풀어 오를 거야!'

선생님은 황급히 조리실로 뛰어갔어요.

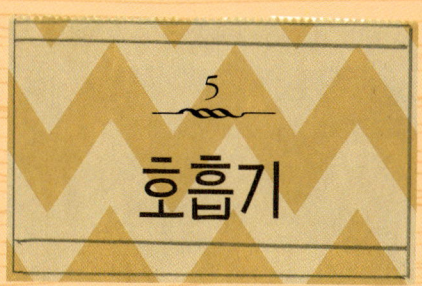

5
호흡기

산소는 받아들이고, 이산화탄소는 내뱉고

"어젯밤에 기침 때문에 한숨도 못 잤어요. 눕기만 하면 기침이 나서, 콜록 콜록."

김 간호사는 오늘따라 유난히 피곤해 보이는 얼굴을 하고 있습니다.

"기침이 자꾸 나오니까 어떤 때는 숨도 쉬기 힘들어요. 정말 지긋지긋하네요. 그런데 원장님, 도대체 기침은 왜 나는 걸까요?"

선생님이 웃으며 말했어요.

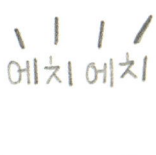

"김 간호사, 기침 때문에 힘들겠지만, 그래도 기침은 꼭 필요한 거예요. 기침은 기관지에 들어오는 이물질을 밖으로 뱉어 내려는 거거든요."

"그래도 너무 불편해요. 어떻게 좀 빨리 나아지는 방법이 없을까요?"

"목이 건조해서 잘 뱉어지지 않으니까 기침이 심해지는 거예요. 그러니까 따뜻한 물을 자주 마셔 봐요. 그럼 기침이 한결 덜해질 테니까요."

"아, 그렇군요!"

김 간호사는 얼른 컵에 담긴 물을 마시기 시작했어요.

 물고기가 물속에 살고 있는 것처럼 우리는 공기 속에 살고 있어. 공기를 들이마셨다가 내쉬는 호흡을 계속하고 있지. 숨을 쉬지 않으면 길어 봐야 5~6분 정도밖에 살 수 없을 거야. 물론 숨을 오랫동안 참을 수 있는 특별한 사람도 있어. 물속에서 숨 오래 참기 챔피언인 스티그 세브린슨은 무려 22분 동안 숨을 참을 수 있다고 해. 하지만 보통 사람이라면 아마 1분 이상 숨을 참기 어려울 거야.

 호흡은 산소를 받아들이고 이산화탄소를 내뱉는 걸 말해. 영양소를 흡수하고 대변을 내보내는 것과 비슷하다고 할 수 있지. 산소와 영양소는 살아가는 데 꼭 필요해. 산소와 영양소가 만나야 에너지가 생겨나거든. 친구들과 뛰어놀려면 힘이 계속 솟아나야겠지? 그러려면 세포에게 산소와 영양소를 보내 줘야만 해. 산소와 영양소가 있어야 세포가 에너지를 만들어 낼 수 있으니까 말이야.

 그런데 밥은 하루에 세 번만 먹으면 되는데, 왜 숨은 멈추지 않고 쉬어야 하는 걸까? 그건 몸속에 산소를 저장할 수 없기 때문이야.

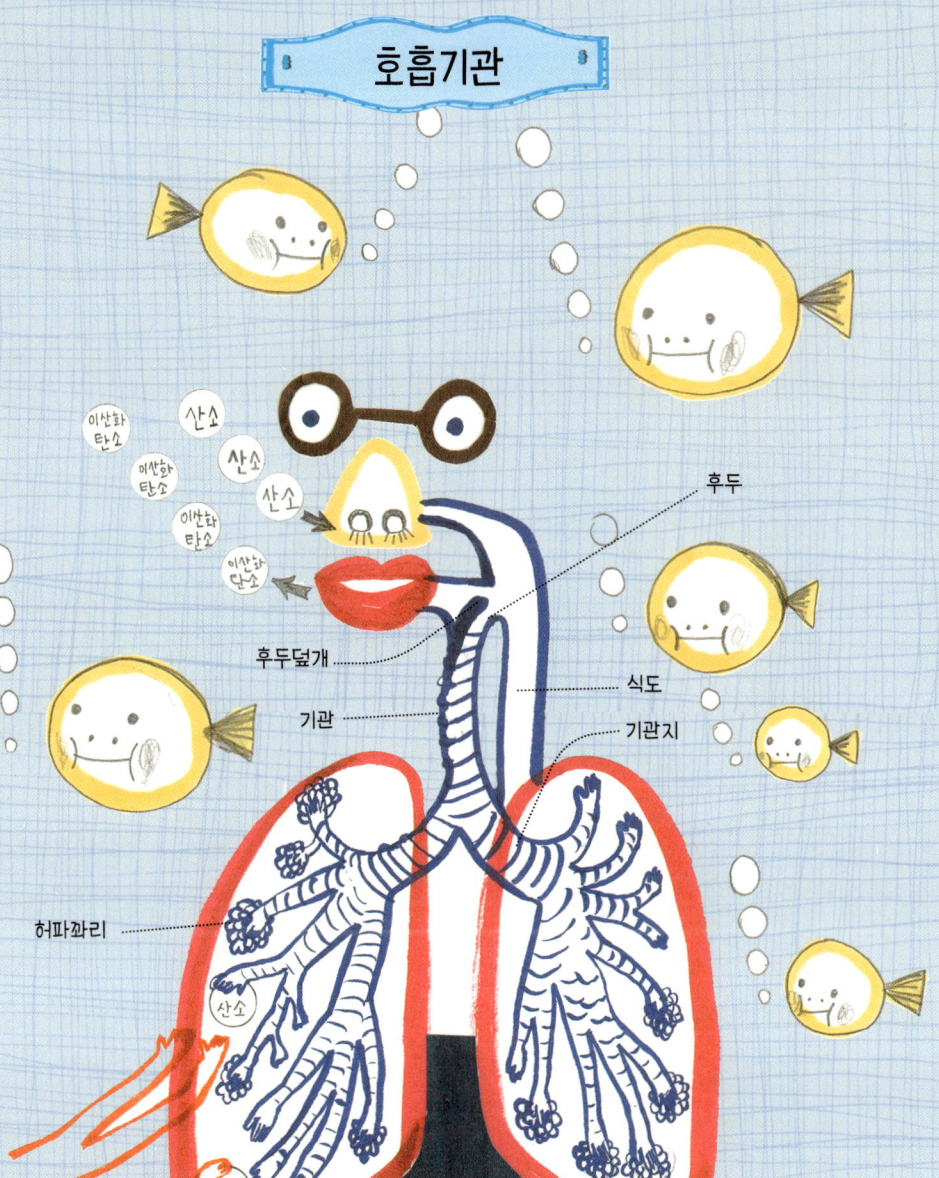

음식은 제때 먹지 못하더라도 미리 저장해 두었던 지방을 쓰면 되니까 몇 주 동안 먹지 않아도 살 수 있어. 하지만 산소는 기체라서 부피가 너무 큰 게 문제인 거지. 우리는 1분 동안 10~12번 정도 숨을 쉬어. 하루 동안 우리가 들이마시는 산소는 무려 500리터나 된다고 해. 몸이 고무풍선처럼 부풀 수 있다면 모르겠지만, 하루 분량 500리터를 몸속에 담아 두기는 불가능해. 그러니까 쉬지 않고 숨을 쉬어야만 하는 거지.

숨을 들이쉬면 공기가 콧속으로 들어가게 돼. 이 공기 속에는 산소도 들어 있지만 먼지나 세균처럼 더러운 것도 함께 들어 있어. 이걸 걸러 주지 않으면 그냥 몸속으로 들어가고 말겠지? 그래서 콧속 표면은 늘 점액으로 촉촉하고, 코털 또한 마찬가지야. 점액은 콧속 피부 점막에서 나오는데, 아주 끈적끈적해서 공기 속에 있는 먼지나 세균이 이 점액에 척 들러붙게 되는 거지. 바로 이 먼지와 점액이 섞여서 콧물이 되는 거야. 콧물이 많아지면 기침을 해서 뱉어 내거나 삼켜서 위장으로 보내게 돼. 위산을 만나면 세균도 버틸 수 없거든. 점액은 공기를 촉촉하게 해 주는 일도 해. 너무 건조한 공기가 몸속으로 들어가면 목 안과 허파가 말라서 딱딱해지거든. 그러

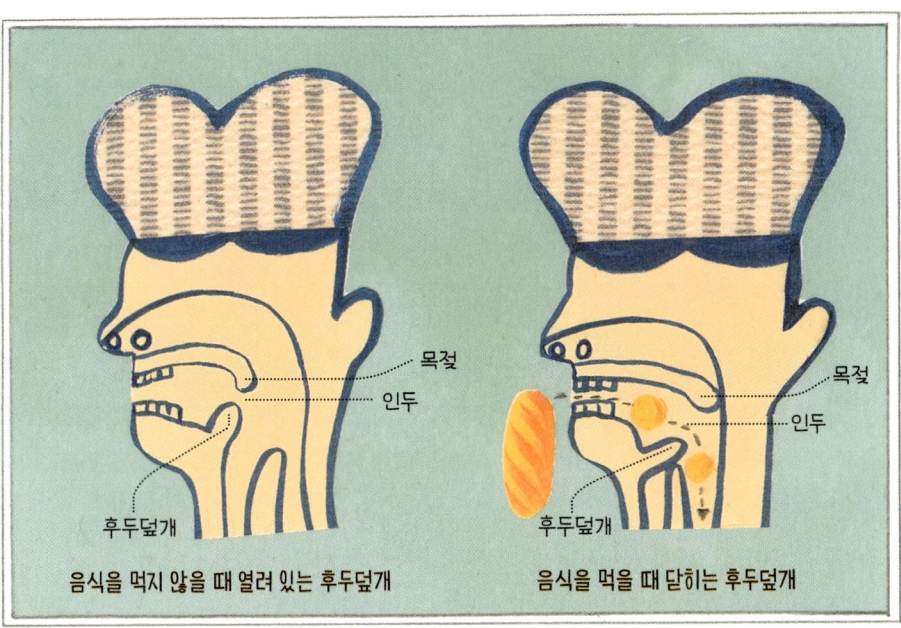

음식을 먹지 않을 때 열려 있는 후두덮개　　음식을 먹을 때 닫히는 후두덮개

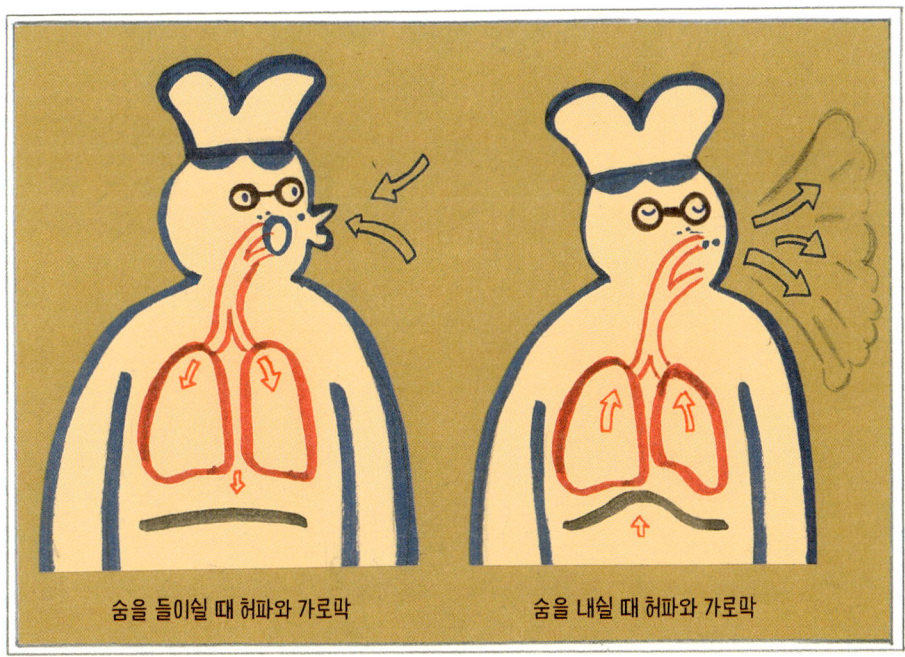

숨을 들이쉴 때 허파와 가로막　　숨을 내쉴 때 허파와 가로막

면 숨을 잘 쉬지 못하게 될 수 있으니까 언제나 공기를 촉촉하게 해 줘야 하는 거야. 하루 동안 점액이 충분히 나오게 하는 데만 물이 1리터나 필요하다고 해. 그런데 입으로 숨을 쉬는 아이들이 종종 있어. 그렇게 하면 건조한 공기 때문에 목도 마르게 되고, 세균도 많이 들어가서 쉽게 감기에 걸리고 말 거야. 그러니까 입으로 숨을 쉬는 버릇이 생기지 않도록 해야 해.

  코를 통과한 공기는 인두로 흘러 들어가. 인두는 혀 뒤쪽에 있는 목구멍인데, 음식을 삼킬 때 음식이 지나가는 길이기도 해. 입으로 숨을 들이마시면 공기가 바로 인두를 지나게 되겠지? 인두를 통과한 공기는 아래로 내려가서 후두로 들어가. 후두 아래쪽은 공기만 지나다니니까 여기부터가 진짜 기도라고 할 수 있지. 공기만 지나다니는 길인데 잘못해서 음식이 들어오면 큰일 나잖아? 그래서 부드러운 연골로 된 덮개가 후두 입구를 보호하고 있어. 음식을 삼킬 때 이 연골이 입구를 뚜껑처럼 덮어서 음식이 기도로 들어가지 않게 해 주는 거지. 침을 삼킬 때 목 앞쪽에서 움직이는 뼈가 바로 이 연골이야. 사람들은 무언가를 삼키는 동작을 하루에 천 번씩이나 한다고 해. 그때마다 후두덮개도 열렸다 닫혀야 하니까 거의 1분에

한 번씩 움직이는 셈이지.

 후두 아래쪽은 기관에 연결되어 있어. 기관 바로 뒤에는 음식이 내려가는 식도가 있지. 기관은 C자 모양 연골이 있는 것이 특징이야. 이 연골은 기관이 항상 부풀어 있게 해 줘. 식도는 음식이 지나갈 때만 부풀면 되지만, 숨은 계속 쉬어야 하니까 기관은 항상 공기가 흐를 수 있어야 하거든. 그래서 음식을 삼킬 때나 목을 구부릴 때도 공기가 흐를 수 있는 거지. 연골 모양이 동그랗지 않고 C자 모양인 까닭은 음식을 삼키는 동안 식도가 부푸는 것을 방해하지 않기 위해서야. 기관은 가슴 중간 어림에서 두 갈래로 갈라져서 양쪽 허파 속으로 들어가. 나뭇가지처럼 갈라지기 때문에 기관지라고 하지. 허파 속으로 들어간 기관지는 다시 갈라지기를 반복하면서 점점 더 가느다랗게 돼. 이렇게 해서 생긴 가장 가느다란 기관지의 끝에는 허파꽈리가 여러 개 모여서 연결되어 있어. 기관부터 허파꽈리까지 연결되는 전체 모양을 보면 브로콜리와 비슷하게 생겼지.

 허파꽈리는 공기가 모이는 공기주머니야. 수많은 모세혈관이 허파꽈리를 둘러싸고 있지. 허파꽈리까지 온 산소는 핏속으로 흘러들어가. 그리고 피는 그 산소를 세포에게 옮겨 주는 거지. 허파꽈리는 산소를 주는 대신 핏속에 있는 이산화탄소를 가져와. 이렇게 산소와 이산화탄소를 주고받는 것을 '가스교환'이라고 해. 그러니까 허파꽈리와 모세혈관은 서로 가스교환을 하는 거야. 핏속에 있는 이산화탄소는 세포가 버린 찌꺼기야. 에너지를 만들 때 생긴 걸 핏속에 버린 것이지. 허파꽈리로 간 이산화탄소는 내뱉는 숨을 따라서 몸 밖으로 나가게 돼. 이렇게 해서 마침내 호흡이 한 번 끝나는 거야. 그러니까 호흡은 코를 통해서 들어온 공기가 허파꽈리까지 가서 가스교환을 하고 다시 왔던 길을 되돌아 나가는 거지.

허파는 양쪽에 하나씩 두 개가 있어. 왼쪽 가슴에 심장이 있기 때문에 왼쪽 허파 크기가 더 작아. 그래서 허파꽈리에서 이루어지는 가스교환도 오른쪽 허파에서 더 활발하지. 우리가 호흡을 할 수 있는 것은 허파가 늘어났다가 줄어들기 때문이야. 허파가 늘어나면 바깥 공기가 들어오고, 줄어들면 허파 속에 있는 공기가 빠져나가게 돼. 하지만 허파는 스스로 움직일 수 없어. 대신 가슴뼈와 가로막이 움직이면서 허파를 늘였다가 줄여 주는 일을 해. 물속에 주사기 끝을 담그고 손잡이를 잡아당기면 물이 주사기 속으로 빨려 올라오잖아? 그것처럼 허파를 둘러싸고 있는 가슴뼈와 허파 아래쪽

에 있는 가로막이 움직여서 가슴속을 넓게 하면 허파가 늘어나게 되고, 좁게 하면 허파도 같이 줄어드는 거지.

선생님은 출근하는 내내 가슴이 설레었어요.

어젯밤에 해 둔 반죽이 어떻게 되었을지 너무너무 궁금했거든요.

도착하자마자 조리실로 달려가 반죽이 담긴 그릇 덮개를 조심스럽게 열었어요. 그러자 조리실 안이 향기로운 냄새로 가득차기 시작했어요.

향긋한 과일 냄새 같기도 하고, 고소한 버터 냄새가 나는 것만 같았어요. 게다가 반죽은 엄청나게 부풀어서 원래보다 다섯 배는 되어 보였어요.

선생님은 '야호' 하고 속으로 쾌재를 불렀지요.

'효모에게 필요한 건 시간이었군! 이제 밀가루를 조금 더 넣고 쫀득쫀득한 반죽을 하면 되겠어. 정말 맛있는 빵이 나올 거야!'

선생님은 기분이 좋은 듯 콧노래를 흥얼거리며 다시 반죽을 하기 시작했어요.

6
심장

생쥐의 심장은 1분에 500번 쿵덕쿵덕

"아얏!"

소독약을 바르는 게 아픈지 동호는 이마를 잔뜩 찡그리고 있습니다.

"많이 아파? 그렇게 조심 좀 하지, 너는 어쩜 이렇게 자주 다쳐서 오니?"

선생님이 나무라며 말했습니다.

개구쟁이 동호는 놀다가 다치는 일이 많아서 한의원의 단골이 되었습니다.

"이번에는 무릎에 멍이 많이 들었네!"

"축구하다 부딪혔거든요. 그런데, 선생님! 멍은 왜 생기는 거예요?"

"그건 부딪힐 때 가느다란 혈관이 터지면서 피가 나서 그래. 새어 나온 피가 피부 아래에 굳으면 처음엔 붉은색이었다가 점점 푸르스름한 멍이 되는 거지."

"네? 그럼 그 피는 어떻게 되는데요? 그냥 계속 남아 있으면 멍이 안 없어지는 거예요?"

"그게 걱정되는 녀석이 이렇게 날마다 다쳐? 빠져나온 피는 다시 분해돼서 혈관으로 흡수되니까 걱정 안 해도 돼!"

선생님은 동호 머리를 쥐어박으며 말했습니다.

　피는 하루 종일 혈관을 따라 흐르면서 영양분과 산소를 실어 나르는 일을 해. 허파에서는 산소를 받고, 소화기에서는 영양분을 받아서 온몸의 세포에게 가져다주는 거지. 그래서 배가 고픈 세포는 멀리 갈 필요 없이 자기 옆을 지나는 피에서 영양분을 얻을 수 있어. 세포는 산소와 영양분을 가져가고, 대신 필요 없는 노폐물과 이산화탄소를 핏속에 버리는 거지. 피는 노폐물을 모아서 처리장까지 옮겨 주는 일도 하거든. 이산화탄소는 허파로 보내져서 날숨을 따라 몸 밖으로 나가고, 노폐물은 콩팥으로 가서 소변으로 나가게 돼. 그래서 우리 몸은 언제나 깨끗한 상태를 유지할 수 있어. 또 피는 백혈구와 항체를 옮겨 주는 일도 해. 백혈구와 항체는 우리 몸을 병들게 하는 세균과 싸우는 세포야. 세균의 공격을 받은 세포가 구조 신호를 보내면 몸에 있는 백혈구가 모두 그곳으로 달려가서 세균과 싸우기 시작하지. 하나의 세포라도 더 많이 구하려면 백혈구가 최대한 빨리 공격을 받고 있는 곳으로 달려가야겠지? 그때 피가

혈장

 백혈구와 항체를 지체 없이 병이 난 곳으로 옮겨 주는 거야. 말하자면 피는 백혈구가 타고 가는 특급열차라고 할 수 있어.
 피는 액체인 '혈장'과 그 속에 담긴 적혈구, 백혈구, 혈소판으로 되어 있어. 영양분은 혈장에 녹은 상태로, 산소는 적혈구와 결합해서 옮겨지지. 산소를 운반하는 적혈구는 모양부터 아주 특별해. 보통 세포는 동그란 공처럼 생겼는데, 적혈구는 가운데가 막힌 도넛 모양이야. 그러면 동그란 모양보다 표면이 넓어져서 산소를 더 많이 옮길 수 있기 때문이지. 또 납작한 모양은 좁은 혈관을 지날 때도 유리해. 납작해서 잘 휘어질 수 있으니까 혈관이 좁아도 쉽게 통과할 수 있거든. 그래서 온몸을 구석구석 돌아다닐 수 있는 거야. 피

가 붉은 것은 적혈구의 색소 때문이야. 적혈구가 산소를 많이 가지고 있으면 피는 예쁜 붉은색을 띠게 돼. 산소가 줄어들수록 피는 기분 나쁜 검붉은 색이 되고 말지.

　백혈구는 몸 밖에서 들어온 세균과 싸우거나 죽은 세포를 파괴하는 일을 해. 적혈구는 피 속에서만 활동하지만, 백혈구는 피 속은 물론이고 피에서 나와 활동하기도 해. 세균이 있는 곳으로 가야 하기 때문이지. 공격 받고 있는 세포에 도착하면 백혈구는 세균과 싸우기 위해 혈관 밖으로 나가게 돼.

　혈소판은 상처가 났을 때 피가 새어 나가지 않도록 막아 주는 일을 해. 긁혀서 상처가 나도 조금만 지나면 딱지가 생기면서 피가 멈추잖아? 그때 생기는 딱지는 혈소판이 만든 거야. 혈소판은 적혈구를 가둬 둘 수 있는 그물을 만들어. 적혈구가 그물에 걸려서 점점 덩어리가 커지면 상처를 막아 주고 피가 멈추는 거지.

　피가 흘러 다니는 길을 혈관이라고 해. 마치 수도관처럼 속이 비어 있지. 그런데 혈관만 있다고 피가 저절로 흐를 수는 없겠지? 펌프처럼 피가 잘 흐르도록 계속해서 밀어내 주는 것이 있어야 해. 그렇게 피를 잘 흘러 다니게 해 주는 것이 바로 심장이야. 심장도 원래는 혈관이었어. 그러다가 혈관 두 개가 합쳐지고 두꺼워져서 심장이 된 거지. 심장이 잠시도 쉬지 않고 뛰기 때문에 피가 잘 흐를 수 있어. 심장을 만든 두 혈관은 동맥과 정맥이야. 심장에서 빠져나오는 피가 흐르는 길을 동맥, 심장으로 돌아가는 피가 흐르는 길을 정맥이라고 해. 심장에서 강한 힘으로 피를 밀어내기 때문에 동맥이 정맥보다 훨씬 두껍지. 정맥은 얇은 대신 혈관 속이 넓어서 동맥보다 더 많은 혈액을 담아 둘 수 있어. 심장에서 출발한 동맥은 더 많은 세포와 만나기 위해 점점 더 가느다랗게 변하는데, 가장 가느다란 '모세혈관'은 지름이 겨우 0.008밀리미터밖에 안 된다고 해. 모세혈관 끝은 정맥과 연결되어 있기 때문에 심장을 나와 동맥으로 흘러

순환기관

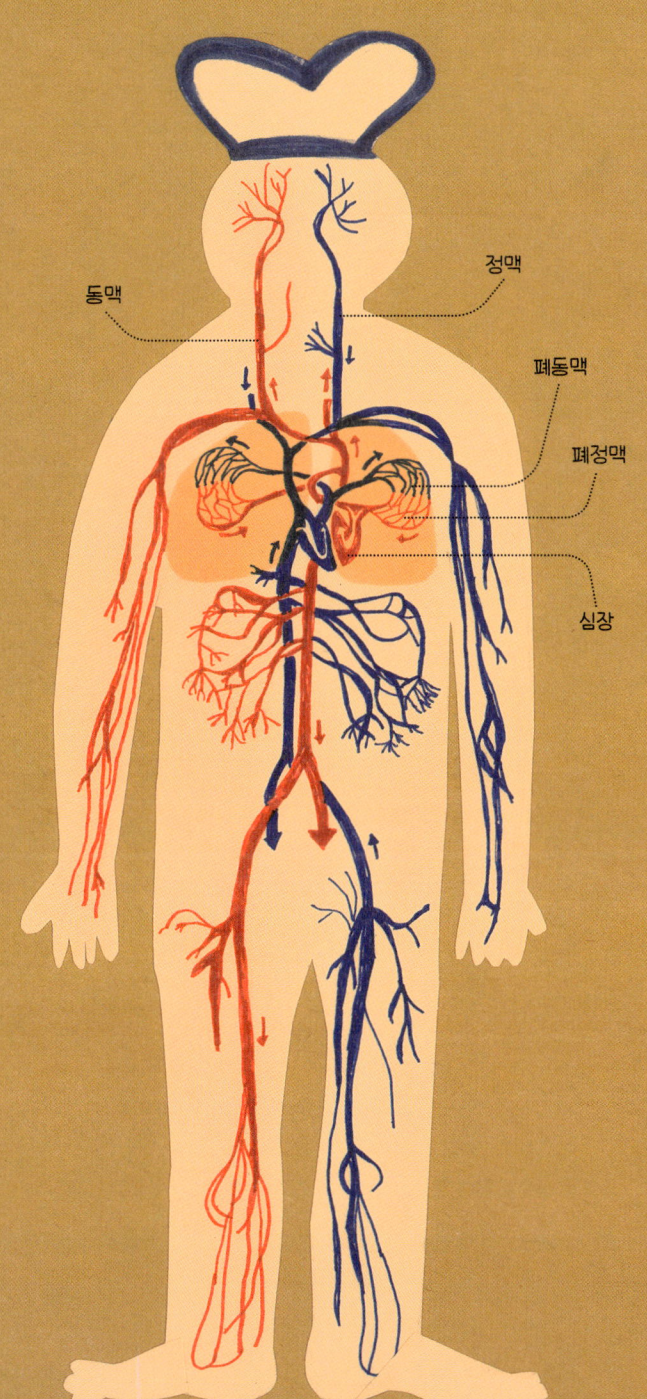

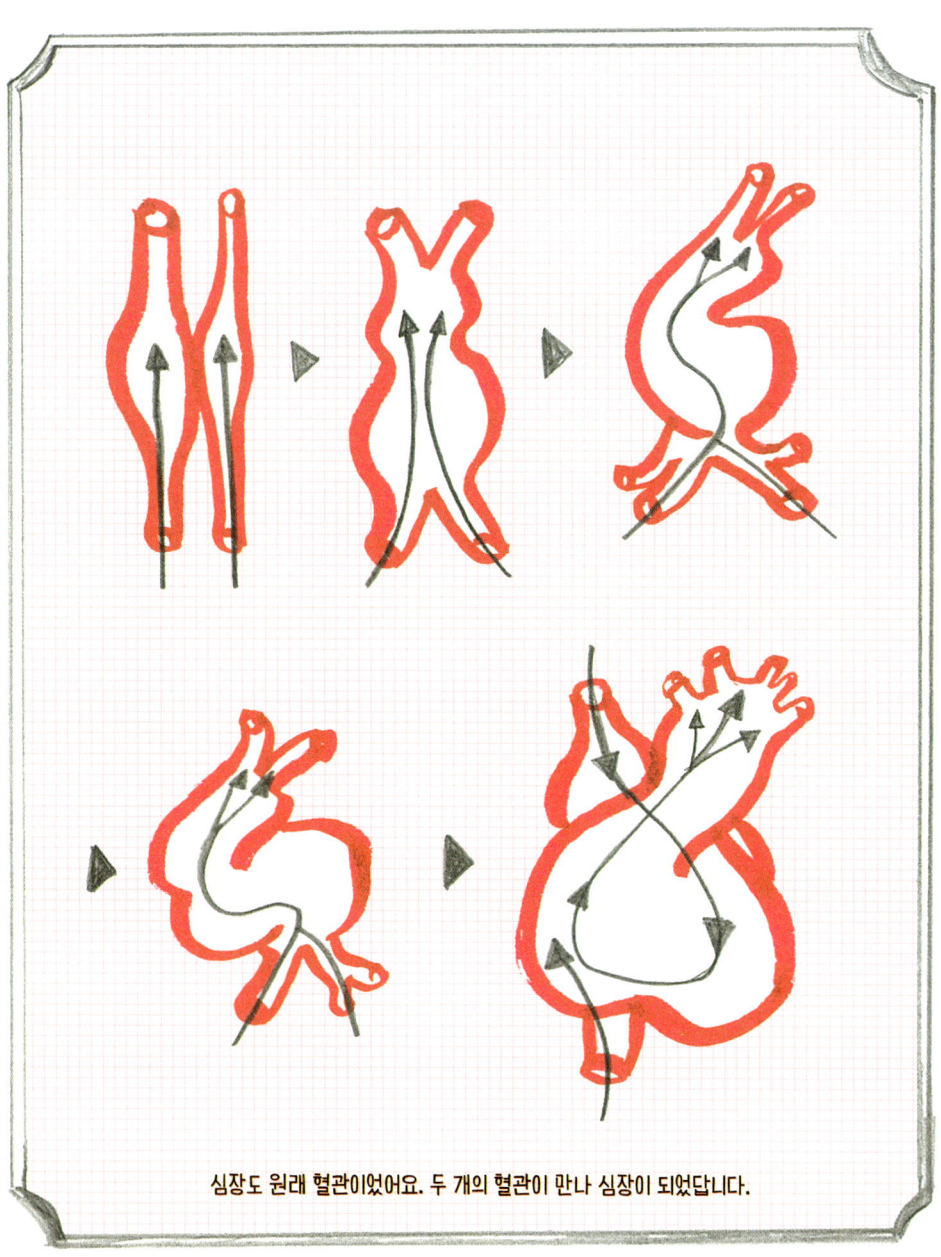

심장도 원래 혈관이었어요. 두 개의 혈관이 만나 심장이 되었답니다.

왔던 피가 정맥을 따라 다시 심장으로 돌아가는 '순환'을 하게 되는 거지. 처음 심장을 출발한 핏속에는 산소가 가득했지만, 심장으로 돌아올 때는 산소가 적은 피로 변해 있어. 모세혈관을 지나면서 세포에게 산소를 나눠 주기 때문이지. 그러면 심장은 피를 허파로 보내서 산소를 담아 오도록 해. 다시 산소가 가득 차면 심장은 힘차게 박동을 해서 피를 온몸으로 보내는 거야.

심장은 1분에 50번에서 80번 정도 뛰어. 보통은 심장 크기가 작을수록 더 빨리 뛴다고 해. 그래서 어른보다는 아이들의 심장이 더 빨리 뛰지. 이건 다른 동물들도 비슷해서 생쥐의 심장은 1분에 500번 뛰지만, 코끼리의 심장은 20번밖에 뛰지 않는다고 해. 심장이 항상 뛰고 있어도 우리가 잘 느끼지 못하는 건 뛰는 속도가 일정하기 때문이야. 갑자기 놀라거나 운동을 할 때처럼 심장이 더 빨리 뛸 때는 쉽게 느낄 수 있지. 또 기뻐하거나 슬퍼하는 감정도 심장이 뛰는 속도를 바뀌게 해. 옛날 사람들은 심장 속에 깃들어 있는 영혼이 그렇게 한다고 믿었대. 동맥을 뜻하는 말인 아터리(artery)도 원래 공기가 흐르는 파이프, 즉 영혼이 다니는 길이란 뜻이야.

심장은 하나의 장기이지만 두 개의 펌프를 가지고 있어. 오른쪽 심장은 산소가 부족한 검붉은 피를 허파로 보내는 펌프이고, 왼쪽 심장은 산소가 풍부한 선홍색 피를 온몸의 세포에게 보내는 펌프지. 각각의 펌프는 다시 심방과 심실로 나눠져 있어. 심방은 피가 심장으로 들어오는 곳이고, 심실은 심장에서 피가 나가는 곳이야. 심방과 심실 사이에는 구멍이 뚫려 있어서 피가 흘러 다닐 수 있어. 온몸을 돌고 되돌아온 피는 우선 오른쪽 심방에 모였다가 오른쪽 심실에서 허파로 가. 허파에서 산소를 가득 담아 온 피는 왼쪽 심방에 모였다가 왼쪽 심실에서 다시 온몸으로 흘러 나가게 되지. 심장이 한번 뛰는 동안 양쪽 심실은 동시에 오므라들어. 그러면 왼쪽 심실에서는 온몸으로, 오른쪽 심실에서는 허파로 피가 빠져 나가게 돼. 피가 빠져나가면서 쪼그라들었던 심장은 다시 피가 채워지면서 원래 모양으로 되돌아오지. 온몸을 돌고 온 피는 오른쪽 심방으로, 허파로 갔던 피는 왼쪽 심방을 채우게 돼. 그러니까 항상 검붉은 피는 오른쪽 심장에, 선홍색 피는 왼쪽 심장에 있는 거야.

　심실은 피를 심장 밖으로 짜내는 일을 하기 때문에 심방보다 더 크고 두꺼워. 심방 안쪽은 동그랗게 생겼지만 심실은 삼각형 모양으로 뾰족하게 생겼어. 그래야 피를 남김없이 잘 짜낼 수 있거든. 심방과 심실 사이에는 '판막'이 있어서 피가 반대 방향으로 흐르는 것을 막아 줘. 그래서 피는 심방에서 심실 방향으로만 흐를 수 있어. 심실이 피를 짜내는 동안, 피가 심방으로 흐르지 않도록 판막이 구멍을 막아 주는 거지. 심장이 콩닥콩닥하고 뛰는 소리는 판막이 닫힐 때 나는 소리야. 가만히 귀를 기울이면 심장이 뛰는 소리가 들릴지도 몰라. 지금도 심장은 계속 뛰고 있으니깐 말이야.

반죽을 동그랗게 하는 건 굉장히 중요한 과정이에요.

반죽을 잡아당기면서 여러 번 접어 줘야 탄탄한 반죽을 만들 수 있어요.

그래야 나중에 구워 냈을 때 빵이 모양을 그대로 유지하고 있거든요.

이걸 대충 했다가는 슬리퍼처럼 납작한 빵이 되고 말 거예요.

반죽을 접고 또 접어서 아주 동그란 반죽으로 만든 선생님은 좀 더 발효를 시키기 위해서 바구니에 반죽을 넣어 두었어요.

그렇게 한두 시간 발효하자, 반죽이 적당히 부풀어 올랐어요.

이제는 오븐에 넣고 굽기만 하면 빵이 되는 거예요.

선생님은 예열이 된 오븐 속에 반죽을 넣고 초조한 마음으로 지켜보았어요.

'맛있는 빵이 나와야 할 텐데……'

선생님의 바람처럼 빵은 오븐 속에서 부풀어 오르며 익기 시작했어요.

"땡."

타이머 벨이 울렸어요.

오븐을 열자, 구수한 냄새와 함께 첫 번째 '속편해빵'이 드디어 모습을 드러냈어요.

7
콩팥

최첨단 나노 필터 정수기

"어서 안 들어오고 뭐해? 빨리 들어와서 앉아!"

엄마가 화난 얼굴로 진료실 문 쪽을 보고 말했어요.

그제야 한 아이가 쭈뼛거리며 진료실 안으로 들어왔어요. 아이는 한껏 기죽은 모습을 하고 있었고요.

"선생님, 제가 얘 땜에 속상해서 못 살아요!"

"뭐 때문에 그러시죠? 진정하시고 차근차근 말씀해 주세요."

엄마는 휴우, 하고 한숨을 내쉰 뒤 말했어요.

"얘가 4학년인데 말이죠, 지금도 이불에다 지도를 그려요. 부끄러워서 누구한테 말도 못하고, 제가 얼마나 답답하겠어요."

그때, 아이가 조그만 소리로 말했어요.

"그래도 이번 주는 세 번밖에 안 그랬잖아요."

엄마는 그 말을 듣고 더 기가 차는 듯 어이없어 하며 말했어요.

"허어, 그래. 장하다, 이 녀석아!"

선생님은 이제 알겠다는 듯 웃으며 말했어요.

"아, 그랬군요. 그래도 너무 혼내지 마세요. 그러면 야뇨증은 더 낫기 어렵습니다. 아직 덜 자라서 그런 거지 문제가 있는 건 아니니까요. 우선 저녁에 최대한 물을 적게 마시게 해 보세요."

　물은 우리 몸을 이루는 성분 중에서 가장 많은 양을 차지하고 있어. 그래서 우리 몸은 물의 양에 굉장히 민감하지. 겨우 1.5퍼센트만 줄어도 피곤하다고 느끼거나 머리가 아파진다고 해. 우리가 갈증을 자주 느끼는 것도 이 때문이야. 하지만 아무리 목이 말라도 더러운 흙탕물을 마시고 싶은 사람은 없을 거야. 흙탕물에 섞여 있는 찌꺼기를 걸러 내서 깨끗하게 한 뒤에야 비로소 마실 수 있는 물이 되지. 이렇게 더러운 찌꺼기를 걸러 내는 것을 '여과(濾過 거를여·지날과)'라고 해.

　우리 몸속에 있는 세포는 필요 없는 노폐물을 모두 피 속으로 흘려 보내. 핏속에 노폐물이 너무 많아지면 결국 찐득찐득해져서 피가 잘 흐를 수 없게 돼 버리지. 세포가 잘 살아가려면 피가 잘 흘러 다니도록 해야겠지? 그래서 피를 계속 걸러 줘서 언제나 깨끗한 상태로 만들어야 해. 우리 몸에서는 콩팥이 그 일을 담당하고 있어. 피가 콩팥 속으로 들어오면, 콩팥은 피를 여과해서 노폐물을 한데 모은 뒤에 오줌으로 만들어. 그리고 방광에 모아 두었다가 나중에 몸 밖으로 내보내는 거야. 콩팥이 우리 몸에 있는 피 전부를 걸러 주면 오줌이 25밀리리터 생겨나. 콩팥은 하루 동안 60번 이상 피를 걸러 주기 때문에 하루에 생기는 오줌은 1.5리터쯤 될 거야.

 콩팥에서 만들어진 오줌은 길고 가느다란 요관을 따라서 방광으로 흘러가. 방광은 오줌을 잠시 저장하는 일을 하는 곳이야. 만약 방광이 없다면 우리는 하루 종일 화장실을 들락날락해야 할걸. 방광 안쪽 벽에는 주름이 많이 있어서 쉽게 늘어날 수 있어. 오줌이 별로 없을 때는 방광이 쪼그라들어서 삼각형 모양을 하고 있다가 저장하는 오줌이 늘어날수록 점점 더 부풀어 오르지. 보통은 오줌을 500밀리리터쯤 저장하지만 어쩔 수 없는 경우에는 1리터까지지도 저장할 수 있어. 하지만 너무 큰 압력을 받으면 방광이 찢어질 수 있기 때문에 오랫동안 오줌을 참으면 곤란해. 방광 아랫부분은 깔때기처럼 생겨서 오줌이 잘 흘러나갈 수 있게 되어 있어. 방광을 떠난 오줌은 요도를 따라서 마침내 몸 밖으로 나가게 돼.

 오줌의 95퍼센트는 물이고, 찌꺼기는 5퍼센트밖에 안 돼. 원래 오줌은 고약한 냄새가 나지 않고 오히려 향기가 약간 난다고 해. 하지만 오줌이 몸 밖으로 나와서 박테리아를 만나면 오줌에 있는 성분이 분해되어 불쾌한 암모니아 냄새가 나는 거야. 오줌 냄새는 음식이나 약 때문에 변하기도 하고, 앓고 있는 병 때문에 변하기도 해. 당뇨병에 걸린 사람 오줌에서는 과일 향기가 나기 때문에 쉽게 알 수 있어. 오줌 색도 상황에 따라서 여러 가지로 변해. 정상적인 오줌은 맑고 투명하거나 노란색을 띠고 있는데, 그 까닭은 적혈구가 부서지면서 나오는 색소 때문에 노란색이 되는 거지. 하지만 건강이 나쁠 때는 분홍색이나 밤빛·잿빛을 띠기도 하고, 어떤 때는 맑지 않고 뿌옇기도 해.

중세 유럽의 내과 의사들은 오줌으로 질병을 진단하곤 했어. 그때 가장 중요하게 봤던 것이 오줌 색깔을 그려 놓은 소변 차트야. 의사는 환자의 오줌 빛깔을 소변 차트와 견주어 보고, 냄새와 맛도 살펴보았다고 해. 부자들은 정기적으로 오줌을 내과 의사에게 보내 검사를 받기도 했대.

콩팥은 모양이 콩처럼 생겨서 붙여진 이름이야. 무게는 약 150그램이고, 길이 12센티미터, 폭은 6센티미터, 두께는 3센티미터로 세숫비누 크기쯤 될 거야. 좌우에 하나씩 두 개가 있지. 하지만 피를

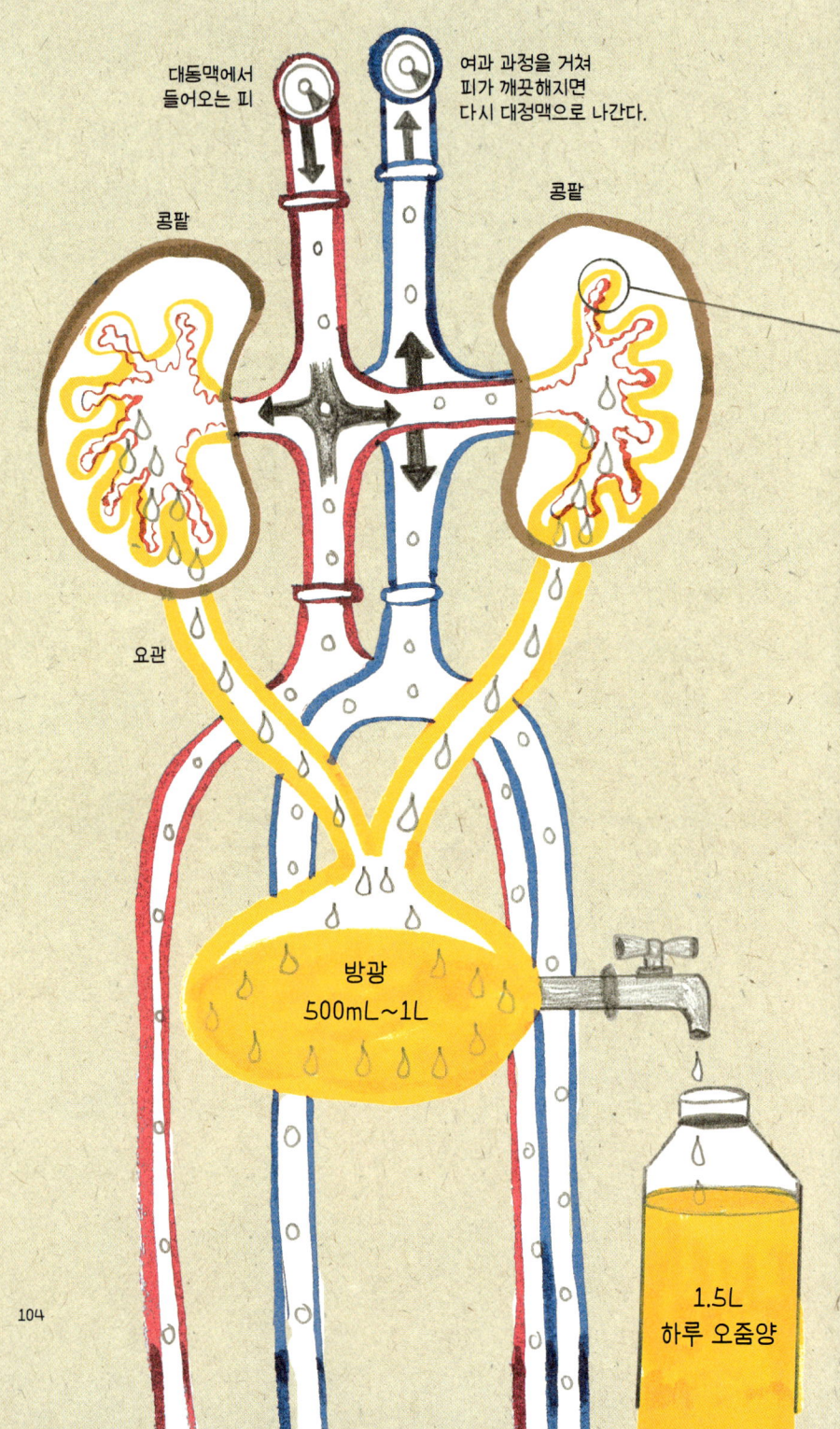

*모세혈관이 뭉친 토리를 펴면 길이가 80킬로미터나 된다!

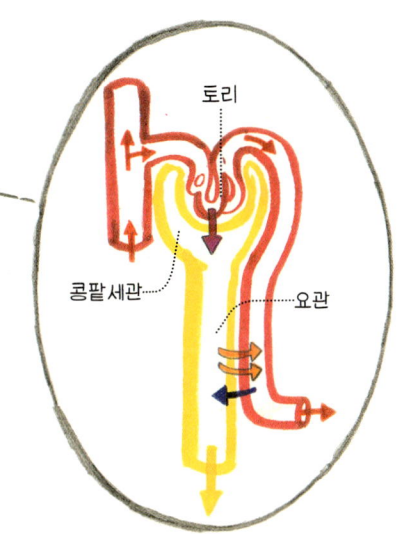

한쪽 콩팥에 100만 개씩, 모두 200만 개나 되는 네프론이 하루에 60번 이상 피를 깨끗하게 걸러 준다.

깨끗하게 걸러 주는 데는 한쪽 콩팥만 건강해도 충분해. 콩팥 바깥쪽은 두꺼운 지방으로 덮여 있어. 콩팥 속에 있는 가느다란 핏줄이 다치지 않도록 보호하는 거지. 콩팥 속에는 오줌을 만드는 여과 장치인 네프론이 빽빽하게 있어. 네프론은 주로 콩팥 표면 아래쪽에 몰려 있는데, 한쪽 콩팥에 100만 개씩, 모두 200만 개나 돼. 콩팥 가운데에도 깔때기 모양의 관이 있어서 네프론에서 만들어진 오줌이 자연스럽게 모이도록 되어 있어. 이렇게 모여진 오줌은 요관을 따라 방광으로 가지.

네프론은 핏줄이 실몽당이처럼 감겨 있는 토리와 가느다란 요관, 즉 콩팥 세관으로 되어 있어. 콩팥 세관 한쪽 끝은 주머니 모양으로 토리를 감싸고 있고, 반대쪽은 구불구불 휘어지면서 핏줄과 엉켜 있지.

토리는 콩팥에서 여과 작용을 담당하는 곳이야. 토리는 콩팥으로 들어온 콩팥 동맥 모세혈관이 뭉친 것인데, 이 모세혈관을 풀면 길이가 80킬로미터나 된다고 해. 토리에 있는 모세혈관에는 아주 작은 구멍이 있어서 피를 걸러 줄 수 있어. 이 구멍은 적혈구나 백혈구보다도 훨씬 더 작기 때문에 찌꺼기만 빠져나가고 적혈구는 새 나가지 않아. 그래서 피가 토리를 통과하면 찌꺼기가 빠져나간 깨끗한 피가 되는 거야. 이렇게 피가 토리 모세혈관을 지나면 콩팥에서의 여과 과정은 모두 끝이 나. 이 과정에서 피의 10퍼센트 정도가 밖으로 빠져 나간다고 해.

하지만 이렇게 걸러져서 나온 액체는 아직 완전히 오줌이 된 게 아니야. 걸러진 액체에는 우리 몸에 필요한 것이 아직 많이 들어 있기 때문에 그대로 몸 밖으로 버려지면 곤란하거든. 이걸 그대로 내보내려면 우리는 아마 한 시간마다 오줌을 1리터씩 눠야 할 거야. 그래서 콩팥은 걸러낸 액체를 모두 오줌으로 만들지 않고 쓸 만한 것을 다시 흡수하는 장치가 있어. 그 부분이 바로 네프론의 콩팥 세관 다발이야. 아까 구불구불 휘어지면서 핏줄과 엉켜 있다는 부분 말이야. 걸러진 액체가 주머니 모양 입구를 따라 콩팥 세관으로 들어가면 거기에 엉켜 있는 핏줄에서는 우리 몸에 필요한 것을 다시 담기 시작해. 버려지면 안 되는 것을 하나라도 놓치지 않아야 하기 때문에 콩팥 세관과 핏줄은 아주 복잡하게 엉켜 있는 거야. 이렇게 다시 흡수되는 과정을 거치면 처음 토리에서 걸러진 액체의 99퍼센트는 다시 핏줄로 돌아가고 겨우 1퍼센트만 오줌이 되는 거지. 그러니까 콩팥을 통과하면서 피에서 빠져나가는 양은 사실 0.1퍼센트밖에 안 돼. 콩팥이 정말 버려야 할 것만 골라내서 오줌을 만들기 때문에 우리 몸은 큰 손실 없이 잘 유지될 수 있는 거지.

"맛이……, 어때요? 괜찮아요?"

선생님은 '속편해빵'을 먹어 보는 간호사들에게 조심스럽게 물었어요.

"어머! 원장님, 이거 엄청 맛있어요!"

"정말이요? 흠흠, 당연하죠! 이게 얼마나 정성이 들어간 빵인데."

선생님 목소리에 힘이 들어가고, 얼굴에는 웃음이 감돌았어요.

"너무 맛있어서 벌써 다 먹어 버렸네! 이렇게 먹으면 살찌는데……. 원장님, 먹어도 살이 안 찌는 빵은 없을까요?"

"네에? 그런 빵이 있을 리가……."

"아, 그런 빵이 있으면 정말 좋겠다!"

간호사가 빈 접시를 보며 아쉬운 목소리로 말했어요.

선생님은 별소리를 다 듣는다는 생각이 들었어요.

'먹어도 살이 안 찌는 빵이라…… 그러려면 밀가루가 아예 없어야 하는데. 밀가루 없이 무슨 빵을……, 밀가루가 없는 빵이라고!'

8
뇌신경

우리 몸의 중앙처리장치

선생님은 저녁을 먹고 아이들과 함께 텔레비전을 보고 있었어요.

텔레비전에서는 서커스단 공연이 나오고 있었는데, 아슬아슬한 묘기가 연달아 나와서 눈을 뗄 수 없을 정도였지요.

그중에서도 꼬마 여자아이가 하는 외줄타기 묘기는 정말 신기했어요. 줄 위에서 재주를 넘기도 하고 공으로 저글링을 하는 모습에 보는 사람들 모두 탄성을 지를 수밖에 없었어요.

"와아, 어떻게 저렇게 할 수 있는 거지? 아빠, 누구나 저렇게 할 수 있는 거야?"

동영이는 신기해 하며 물었어요.

"그래 정말 놀랍구나. 하지만 누구나 저렇게 할 수는 없을 거야. 외줄에서 균형을 잘 잡으려면 다른 사람들보다 소뇌가 발달한 사람이라야 해."

"소뇌가 발달한 사람?"

"응, 소뇌는 우리 몸이 균형을 잘 잡을 수 있게 해 주거든. 소뇌가 발달한 사람은 저렇게 어려운 묘기도 척척 해낼 수 있지."

　우리 몸은 저마다 다른 기능을 하는 여러 부분이 모여 있어. 눈으로 물체를 보고, 달릴 때는 다리를 쓰지. 어떤 때는 동시에 여러 곳을 쓰기도 해. 음식을 먹으면서 게임을 한다든지, 노래를 듣고 따라 부를 때처럼 말이야. 그 정도야 별것 아니라고 생각할 수도 있어. 하지만, 아기들이 걸음마를 하기까지 1년이나 걸리는 것을 생각해 본다면 지금 우리가 하는 동작은 곡예나 마찬가지야. 제각각인 여러 부분이 협력해서 움직인다는 건 그만큼 대단한 일이거든. 그런데 언제 어떻게 움직여야 하는지 우리 몸은 어떻게 아는 걸까?

　친구네 집에 놀러 갔는데 갑자기 큰 개가 나타났다고 상상해 봐. 그 개가 으르렁거리며 다가오는 순간 이미 우리는 뒤돌아 도망치고 있을 거야. 달리는 내내 무서운 생각에 머리털이 쭈뼛 서고 심장은 터질 것처럼 뛰겠지. 또 팔과 다리는 쉴 새 없이 움직이면서 최대한 빨리 멀어지려고 할 거야.

　맨 처음 개를 발견한 것은 눈이야. 눈은 즉시 위험한 상황이 생겼

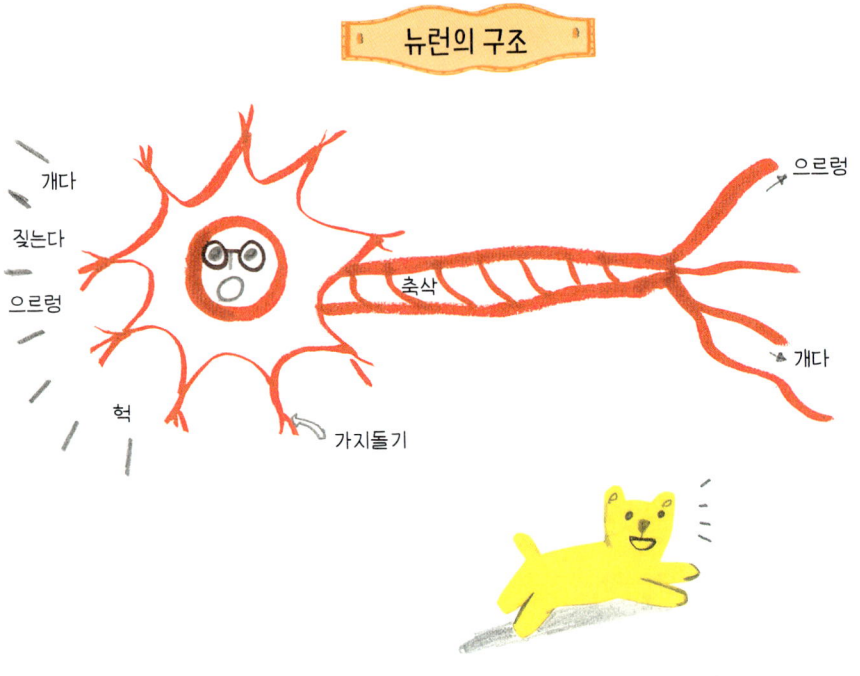

다는 것을 신경 세포에게 알리지. 그러면 신경 세포는 도망가야겠다고 판단하고, 다리에게 빨리 달리라고 신호를 보내. 동시에 심장에게는 다리에 피를 더 많이 보내 주라고 하지. 이렇게 해서 무사히 도망갈 수 있는 거야. 그러니까 신경 세포는 눈과 다리를 연결해 주는 일을 한다고 생각해도 돼. 원래는 눈이 다리에게 하고 싶었던 말을 신경 세포가 대신 전해 준 셈이니까 말이야.

　교통신호가 자동차가 잘 달릴 수 있도록 조율해 주는 것처럼 신경 세포는 우리 몸의 여러 부분을 잘 조율해서 협력할 수 있게 해줘. 우리 몸에 있는 신경 세포 이름은 '뉴런'이야. 뉴런은 꼬리가 달린 벌레처럼 이상한 모양을 하고 있어. 머리처럼 보이는 부분이 세포의 몸통이고, 꼬리처럼 길쭉하게 나온 부분은 '축삭', 몸통에 머리카락처럼 삐죽삐죽 나온 것이 '가지돌기'야.

　가지돌기와 축삭은 모두 실처럼 생겼기 때문에 '신경 섬유'라고 해. 가지돌기는 다른 세포가 하는 얘기를 듣고, 축삭으로는 다른 세포에게 말을 하지. 눈앞에 무서운 개가 나타나면, 눈과 연결된 가지돌기를 따라 신호가 뉴런 몸통으로 전해져. 그리고 꼬리처럼 생긴 축삭을 따라서 다른 뉴런의 가지돌기로 정보가 전달되지. 이런 과정을 여러 번 거치다 보면 결국 심장과 다리까지 신호가 도착하게 되는 거야.

　뉴런이 정보를 전달하는 속도는 굉장히 빨라. 가장 빠른 것은 1초에 120미터까지 전달할 수 있다고 해. 그러니까 머리에서 보낸 신호가 발에 도착하기까지 겨우 0.01초밖에 걸리지 않는다는 얘기야! 신경 섬유는 눈이나 심장, 다리와 연결되기 위해서 길이가 늘어나.

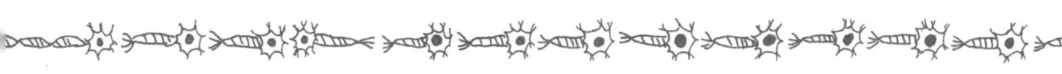

덕분에 멀리 떨어져 있는 세포의 신호를 금세 알아챌 수 있지. 특히 엄지발가락에 연결된 뉴런의 축삭은 허리에서 발가락까지 가야 하기 때문에 1미터가 넘는다고 해. 몸속에 있는 신경 섬유를 모두 이으면 지구에서 달까지 갔다가 다시 돌아올 수 있을 정도야.

신경 섬유가 모여서 이루어진 다발을 '신경'이라고 해. 신경 섬유 한 가닥 굵기가 머리카락의 100분의 1밖에 안 되지만, 신경 중에는 지름이 1센티미터인 것도 있어. 신경 바깥쪽은 신경 섬유를 보호해야 하니까 튼튼한 막으로 되어 있지. 신경은 거의 다 근육과 지방에 둘러싸여 있어서 충격을 받아도 잘 다치지 않지만 피부 가까이에 있는 신경은 그렇지 못해. 모서리에 팔꿈치를 부딪쳤을 때 엄청나게 아픈 이유는 팔꿈치를 지나는 신경이 피부 가까이에 있기 때문이야.

우리 몸의 뉴런은 거의 다 뇌와 척수에 모여 있어. 거기에서 축삭과 같은 신경 섬유가 뻗어 나와 몸 여러 부분과 연결되어 있지. 뉴런이 모여 있는 뇌와 척수를 중추신경계라고 하고, 몸 여러 곳에 직접 연결된 신경 섬유를 말초신경계라고 해. 말초신경계는 눈, 귀, 코와 같은 감각 기관이나 우리가 운동할 때 쓰는 근육은 물론, 직접 움직일 수 없는 심장이나 폐와 같은 내장, 땀샘이나 침샘까지도 연결되어 있어. 그러니까 땀을 흘리거나 털이 곤두서는 것부터 소화, 심장의 박동, 호흡, 팔다리의 움직임까지도 모두 신경이 조절하는 거야.

말초신경계에서 얻어진 정보는 모두 중추신경계로 전달돼. 중추신경계는 그 정보를 모아서 판단하고 어떻게 해야 할지 결정한 뒤에 필요한 곳으로 신호를 보내지. 그중에서 간단한 것은 척수에서 직접 처리하지만, 거의 다 뇌로 전달해. 그래서 척수는 여러 정보를 뇌로 전달하는 고속도로라고 할 수 있어. 척수에서 직접 처리하는 것을 '반사작용'이라고 해. 반사작용은 우리 몸을 위험에서 보호해 주는 역할을 해. 뜨거운 난로에 손이 닿았을 때 움츠러들거나 커다란 소리에 깜짝 놀라는 것이 대표적인 반사작용이야.

뇌는 크게 세 부분으로 나눌 수 있어. 가장 아래쪽에 있는 뇌줄기는 뇌와 척수를 연결하는 부위야. 뇌줄기의 위쪽을 대뇌가 덮고 있고, 그 뒤쪽에는 소뇌가 있지.

뇌줄기는 뇌가 생겨날 때 가장 먼저 발달하는 곳이야. 생명을 유지하는 데 직접 관계되는 기능이 뇌줄기에 모여 있거든. 숨을 쉬거나 심장이 뛰도록 하는 것은 뇌줄기에 있는 숨뇌에서 조절해 줘. 때가 되면 배가 고파지고 밤에 졸리는 것도 뇌줄기에서 하는 일이야.

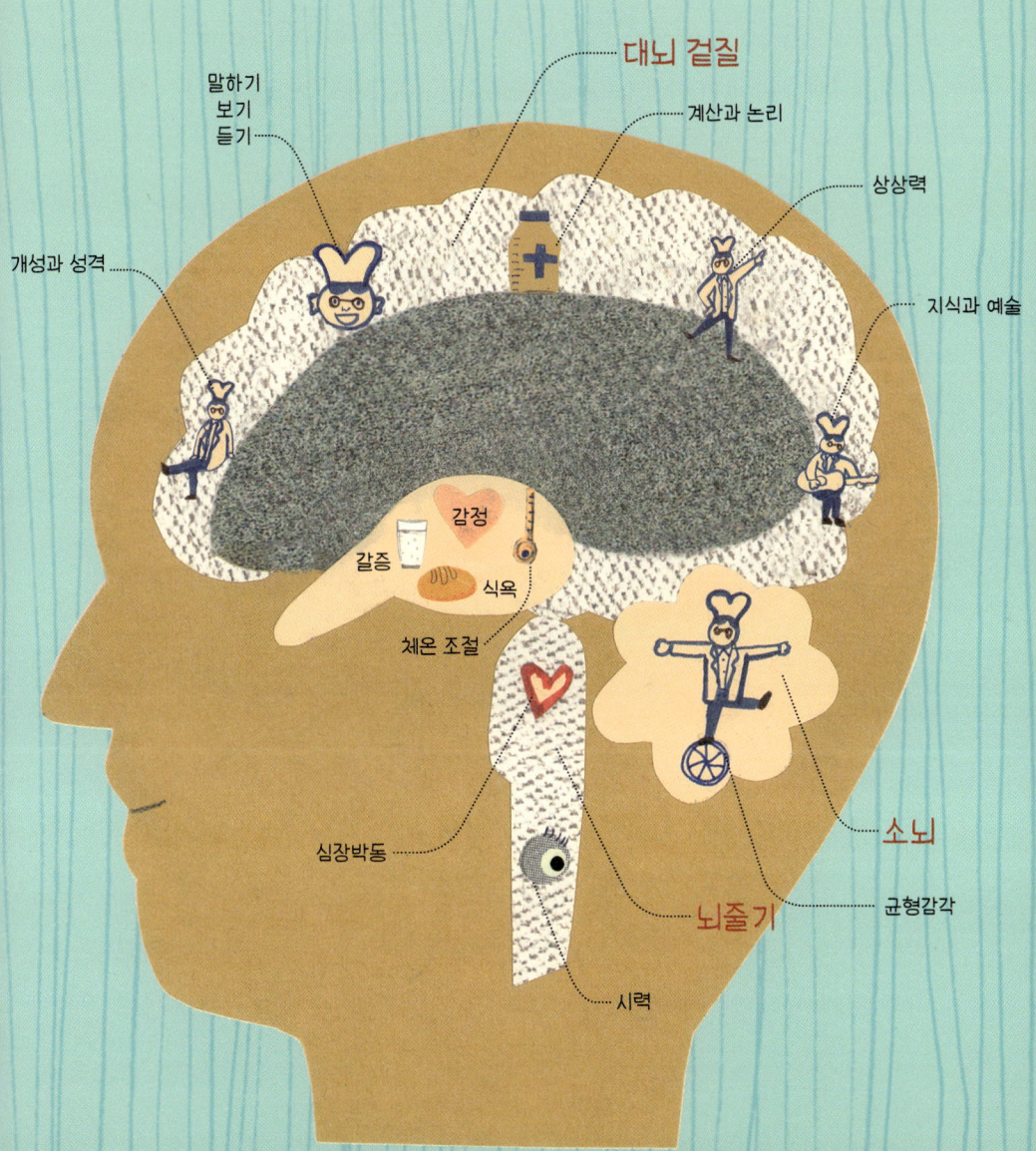

 뇌줄기는 뇌와 척추 사이에서 주고받는 신호가 통과하는 길이기도 해. 뇌줄기에서 신호를 잘 전달하지 못하면 대뇌나 척수가 제 기능을 할 수 없게 되지.

 대뇌는 뇌의 대부분을 차지하고 있어. 대뇌 바깥쪽인 대뇌 겉질에는 뉴런이 모여 있고, 안쪽에는 신경 섬유가 모여 있어. 신경 섬유는 아래쪽에 있는 뇌줄기와 연결되면서 대뇌 겉질의 뉴런과 척수 사이의 신호를 전달해 주지. 대뇌의 표면은 주름이 많이 있어서 울퉁불퉁하게 생겼어. 좁은 머리뼈 속에서 더 많은 대뇌 겉질을 만들기 위해서 주름이 생긴 거야. 대뇌 겉질의 두께는 2~5밀리미터밖에 되지 않지만 정말 중요한 기능이 다 모여 있어. 보고 듣고 말하는 것과 몸에 있는 근육을 움직이는 것은 물론, 복잡한 숫자를 계산하거나 전에 없는 무언가를 새롭게 만들어 내는 일도 할 수 있지. 또 사람마다 가지고 있는 개성과 성격을 결정하는 곳도 대뇌 겉질이야. 만약 대뇌 겉질이 없다면 지금껏 인류가 창조해 낸 지식과 예술 작품은 모두 불가능했을 거야.

 소뇌는 뇌줄기의 뒤편에 있어. 모양이 대뇌와 비슷하게 생겼지만 크기가 작기 때문에 소뇌라고 해. 소뇌는 몸의 움직임을 조화롭게

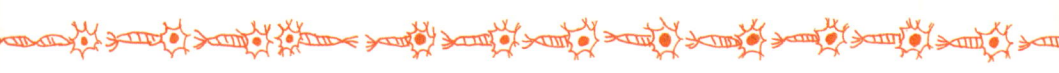

해 줘. 눈을 감고 똑바로 손가락을 코끝에 갖다 댄다든지, 한 발로만 서서 중심을 잡을 수 있는 것도 모두 소뇌 덕분이야.

간호사 말을 들었을 땐 황당했지만 선생님도 궁금했어요.

'정말 밀가루가 없이 빵을 만드는 건 불가능한 걸까?'

그런 빵을 구을 수만 있다면 틀림없이 사람들이 좋아할 거라는 생각이 들었어요.

'밀가루와 설탕이 들어가지 않는 빵이라면 먹어도 살이 잘 찌지 않을 텐데 말이야. 흐음, 우선 밀가루가 가장 적게 들어간 빵이 뭔지 한번 조사해 봐야겠다!'

선생님은 빵 요리책을 뒤지기 시작했어요. 단팥빵, 소보로빵, 베이글……. 하지만 어떤 빵도 밀가루를 빼고서는 구을 수 없었어요. 그러다 뜻밖의 빵 조리법을 찾게 되었어요.

'케이크를 만들 때는 밀가루가 별로 안 들어가잖아!'

케이크는 달걀과 버터가 주재료이고 밀가루는 아주 조금만 들어가요.

'밀가루가 별로 안 들어가도 만들 수 있는 빵이 있구나!'

여기에 설탕 양만 줄이면 먹어도 살이 잘 찌지 않는 빵을 구을 수 있을 것 같았어요.

뼈

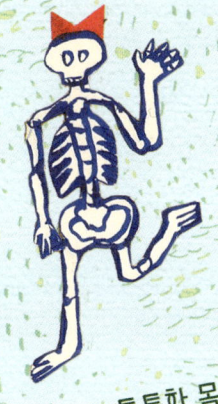

뼈로 지은 튼튼한 몸

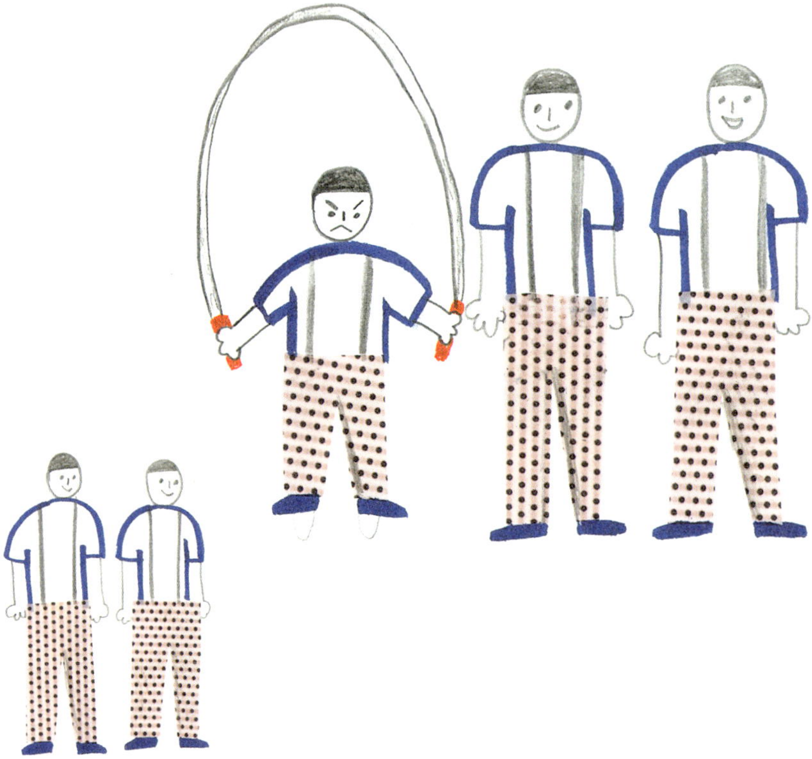

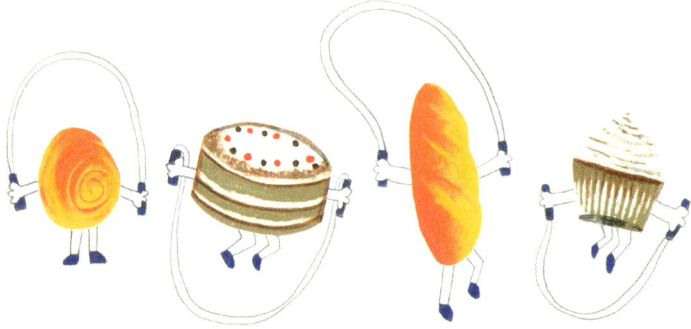

경석이는 또래에 비해 키가 무척 작은 아이예요.

이제 초등학교 5학년이 되었는데도, 3학년 동생과 친구라고 해도 될 정도였지요.

"선생님, 우리 경석이가 앞으로 키가 클 수 있을까요? 작으니까 괜히 자신감도 없어지는 것 같아요."

"너무 걱정하지 않으셔도 될 것 같습니다. 자, 여기를 보세요."

선생님은 경석이의 엑스레이 사진을 보면서 설명하기 시작했어요.

"여기 손목뼈 끝을 보면 조금 다른 색깔로 된 곳이 보이시죠? 여기가 성장판입니다. 그러니까 이 부분이 있으면 아직 뼈가 자랄 수 있으니까 앞으로 키가 더 클 겁니다."

"정말요? 아유, 이제 안심이 좀 되네요."

경석이 어머니는 선생님 말을 듣고 마음이 한결 편안해졌습니다.

"그래도 더 잘 자라려면 경석이도 노력을 해야 합니다. 늘 바르게 앉으려고 노력해야 하고요, 적당히 운동을 해서 성장판에 자극을 주는 것도 좋습니다."

"그건 얼마든지 할 수 있어요. 앞으로 날마다 줄넘기를 할 거예요!"

경석이는 신이 나서 큰소리로 대답했어요.

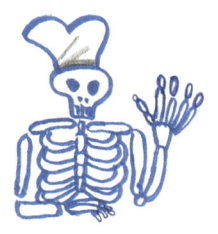

조개나 거북이는 딱딱한 껍질이 몸을 덮고 있어서 스스로를 보호할 수 있어. 공격을 받으면 껍질 속에 몸을 숨기고 안전해질 때까지 기다리지. 그와 똑같이 우리 몸의 뼈도 몸속에 있는 중요한 내장을 안전하게 보호하는 노릇을 해. 뼈로 지은 튼튼한 집 속에서 심장이나 폐가 살아가고 있는 셈이지. 뼈가 없다면 우리 몸은 흐물흐물해져서 땅바닥에 찰싹 붙어 있어야 할 거야. 뼈는 굉장히 튼튼하기 때문에 강한 충격에도 견뎌 낼 수 있어. 우리 몸에서 가장 단단한 뼈인 넓적다리뼈는 무게 1.6톤까지 버틸 수 있다고 해. 뼈는 걷거나 달릴 때처럼 흔들리면서 생기는 충격을 줄여 주기도 해. 그래서 뼈가 없는 동물은 다치지 않기 위해 느릿느릿하게 움직일 수밖에 없는 거지.

몸통에 있는 뼈는 거의 다 납작한 모양을 하고 있어. 그래야 넓게 감싸면서도 부피가 작아서, 내장이 있는 내부가 더 넓어지거든. 뇌와 척수처럼 움직임이 별로 없는 신경은 아예 뼈로 단단하게 싸여서 보호를 받아. 뇌는 머리뼈 속에, 척수는 등뼈(척추뼈) 속에 들어가 있어서 웬만한 충격에도 다치지 않지. 심장과 폐가 들어 있는 가슴은 갈비뼈와 가슴뼈가 둘러싸고 있어. 갈비뼈는 활꼴로 생겼는데, 앞쪽에 있는 가슴뼈와 뒤쪽에 있는 등뼈에 연결되면서 새장처럼 둥근 모양으로 가슴을 보호하지. 갈비뼈는 엉성하고 움직일 수 있는 형태로 되어 있어서 심장과 폐가 늘어났다가 줄어들 때도 불편하지 않게 되어 있어. 엉덩이뼈는 방광과 창자를 보호하는 일을 해. 만약 엉덩이뼈가 없다면 방광과 창자는 아래로 흘러내리고 말 거야.

뼛속에도 중요한 것이 보관되어 있어. 뼈 몸통은 꽉 채워져 있지 않고 구멍이 숭숭 뚫려 있는 스펀지처럼 생겼어. 그리고 빈 곳에는 젤리처럼 부드러운 '골수'가 들어 있지. 특히 머리뼈, 가슴뼈, 엉덩이뼈에 있는 붉은색 골수는 아주 중요해. 적혈구, 백혈구, 혈소판이 모두 이 골수에서 만들어지거든. 하루 동안에 만들어지는 적혈구 숫자가 무려 5000억 개나 된다고 해.

뼈가 단단한 까닭은 그 속에 칼슘이 들어 있기 때문이야. 우리 뼈의 65퍼센트는 칼슘이나 인 같은 광물질로 되어 있어. 칼슘은 쇠붙이 일종인데, 집을 지을 때 쓰는 시멘트 성분이기도 해. 뼈를 현미

경으로 자세히 들여다보면 실처럼 생긴 콜라겐이 늘어서 있고, 그 사이사이에 섞여 있는 칼슘 알갱이를 발견할 수 있을 거야. 단백질로 된 콜라겐은 늘어났다가 줄어드는 탄력성은 좋지만 우리 몸을 보호하기에는 약해. 그래서 그 틈새에 칼슘 알갱이를 채워 넣어서 뼈를 더 튼튼하게 하는 거야. 이렇게 된 뼈는 눌렀을 때 버티는 힘

관절의 종류

손바닥 뒤집기   팔꿈치 구부리기

손가락 구부리기   어깨 돌리기

이 강철의 절반 정도, 당길 때 버티는 힘은 강철과 비슷할 정도로 튼튼하다고 해. 뼛속에 들어 있는 칼슘 덕분에 사람이 죽은 뒤에도 뼈는 오랫동안 남아 있을 수 있어. 그래서 과학자들은 오래전에 살았던 사람들의 뼈를 연구해서 그 사람의 키나 생활 습관, 했던 일, 질병을 알아낸다고 해.

 그렇다고 태어났을 때부터 뼈가 단단한 건 아니야. 아기들의 뼈는 오히려 물렁물렁한 연골이 대부분이지. 귀를 만져 보면 쉽게 접혀지는 뼈가 만져지는데, 그게 바로 연골이야. 연골에는 물이 많이 들어 있어서 탄력성이 뛰어나지. 그래서 구부러졌다가도 쉽게 원래 모양으로 돌아올 수 있어. 우리가 자라나면서 뼈도 함께 성장을 해. 그때 원래 연골이었던 뼈가 지금처럼 단단한 뼈로 바뀌게 되는 거지. 단단한 뼈가 만들어지는 과정은 쌀강정을 만드는 것과 비슷해. 납작했던 반죽을 구우면 속에 구멍이 생기면서 부풀어 오르잖아? 그것처럼 빈틈없이 채워져 있던 연골이 자라면서 속에 스펀지처럼 구멍이 생기고 겉은 점점 더 단단한 뼈로 변해가게 돼. 이때 생겨난 뼈세포가 뼛속에 칼슘을 저장하면서 부드러운 연골이 단단한 뼈로 바뀌게 되지. 바깥쪽에 있는 단단한 '치밀뼈'에는 원통 모

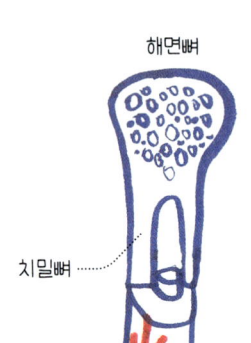

양 뼈 기둥이 빽빽하게 모여 있어. '해면뼈'는 안쪽에 있는 스펀지 모양 뼈를 말해. 구멍이 숭숭 뚫린 해면뼈는 골수를 담아 두는 창고 구실을 해. 단단한 뼈도 좋지만 너무 무거우면 오히려 움직이기 힘들어. 그래서 일부분은 가벼운 해면뼈로 되어 있는 것이 더 편리해. 새가 오랫동안 날기 위해서는 몸을 가볍게 해야겠지? 그래서 새의 뼈에는 무게가 가벼운 해면뼈가 많아.

귀나 코처럼 단단한 뼈로 변하지 않고 그대로 남아 있는 연골도 있어. 튀어나와 있어서 부딪칠 일이 많기 때문이야. 연골은 고무처럼 탄력성이 뛰어나서 접혀도 잘 부러지지 않거든. 연골은 관절 사이에 있으면서 충격을 줄여 주는 노릇도 해. 관절은 뼈와 뼈가 만나는 부분인데, 동작을 하는 데 굉장히 중요해. 만약 딱딱한 뼈끼리 직접 맞닿아 있다면 움직일 때마다 뼈가 부딪치면서 금세 다치고 말 거야. 그래서 움직임이 많은 관절에는 뼈와 뼈 사이에 연골이 있어서 뼈를 보호해 주는 거지. 갈비뼈와 가슴뼈를 연결하는 부분도 연골로 되어 있어. 숨을 쉴 때마다 갈비뼈가 계속 움직여야 하기 때문

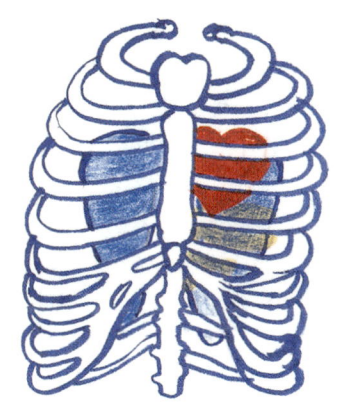

단단한 뼈 - 심장과 폐를 보호하는 갈비뼈

물렁한 뼈 - 구부러지고 접히는 귀와 코뼈

이지. 등뼈는 24개 뼈마디가 차곡차곡 쌓여 있는 모양을 하고 있는데, 그 사이사이에도 둥근 모양 연골이 있어. 이 연골 덕분에 등뼈 한 마디는 약 3도까지 구부릴 수 있지. 그래서 우리는 허리를 숙여서 바닥에 떨어진 연필을 주울 수 있는 거야.

조개껍데기는 아래쪽과 위쪽 두 조각으로 되어 있어. 그 두 조각이 맞닿은 부분이 관절이니까 조개는 관절이 하나인 셈이지. 속살을 보호한다는 점에서는 이렇게 두 조각 껍데기로 둘러싸는 것이 효과 만점일 거야. 하지만 관절이 하나뿐이라서 조개가 움직일 수 있는 동작은 그저 벌렸다가 다무는 한 가지밖에 없어. 우리는 글을 쓰거나 바느질처럼 굉장히 복잡하고 섬세한 동작을 할 수 있어. 열심히 연습한다면 물구나무를 선 채로 걸을 수도 있을 거야. 이렇게 세밀하고 복잡한 동작을 하기 위해서는 아주 많은 관절이 필요해. 그래서 우리 몸의 뼈는 206개나 되는 작은 조각으로 나눠지고, 360개나 되는 관절이 있어. 그중에서 움직일 수 있는 관절이 200개가 넘지. 특히 움직임이 많은 팔과 다리는 뼈 126개와 관절 106개가 있어서 전체의 절반이 넘는 양을 차지해.

사람의 뼈대

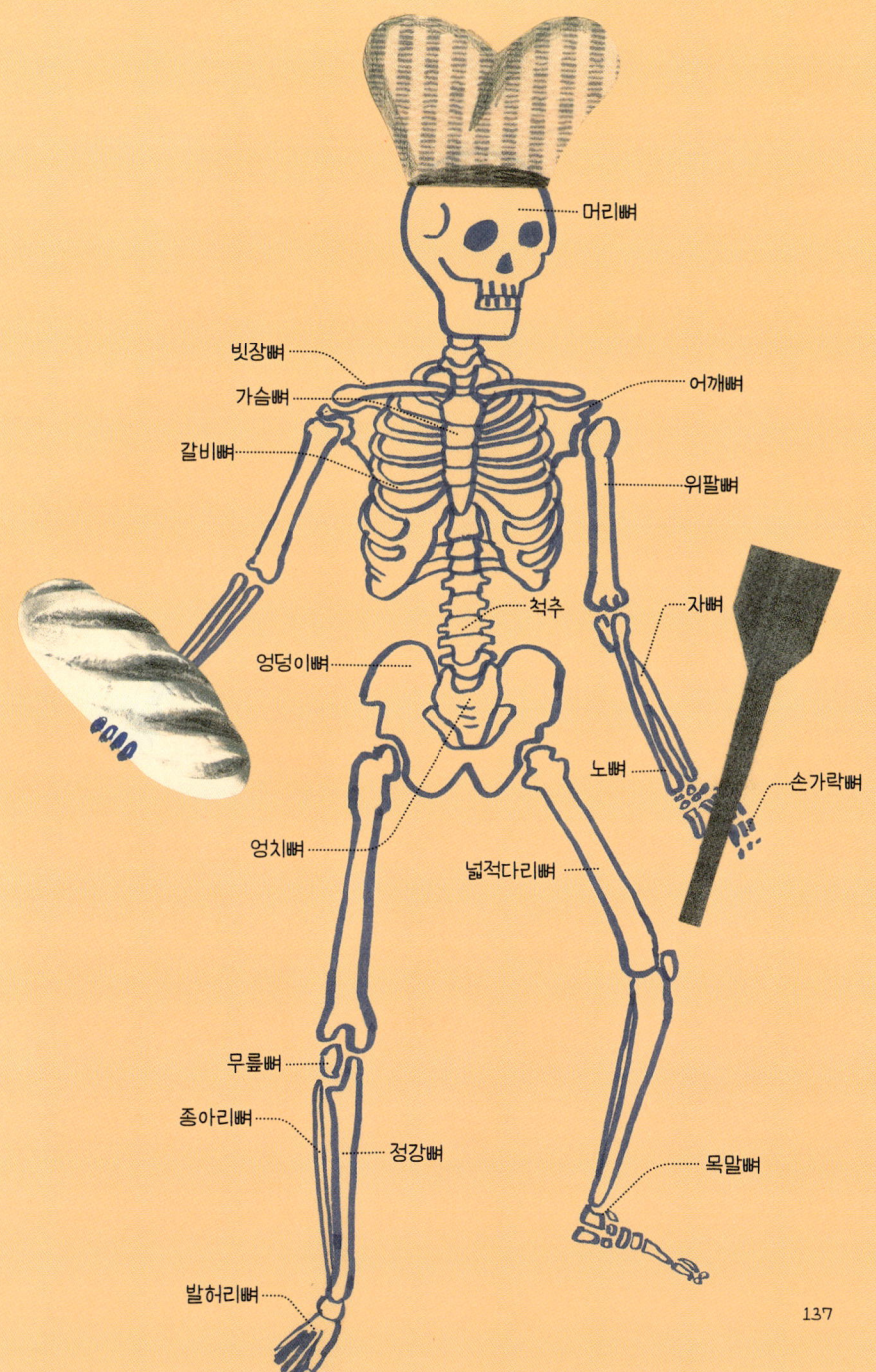

밀가루 대신 빵에 넣을 재료를 찾는 것은 쉽지 않았어요.

맛있어야 하는 건 물론이고, 씹었을 때도 빵과 비슷한 느낌이 나야 하거든요.

선생님은 오랜 시간 고민을 한 끝에 마카롱을 만드는 재료인 아몬드 가루를 써 보기로 했어요. 고소한 아몬드 가루는 맛도 있고, 촉촉해서 씹을 때 빵처럼 부드러운 느낌이 날 것 같았지요.

거기에 더 고소하고 향긋해지도록 코코넛 가루도 조금 넣을 거예요.

두 가지를 섞어 놓고 보니 그 정도로도 충분히 밀가루를 대신할 수 있을 것 같았어요.

단맛을 내는 감미료는 설탕 대신 올리고당을 넣기로 했고요.

올리고당은 단맛이 나긴 하지만 몸에서 잘 소화시킬 수 없는 섬유질이라 살이 잘 찌지 않기 때문이지요.

이렇게 해서 살찌지 않는 빵 재료는 아몬드, 코코넛, 달걀, 올리고당으로 정했어요.

아몬드

코코넛

계란

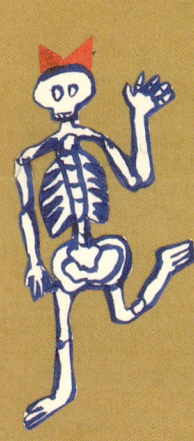

10
세포

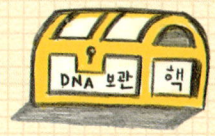

우리 몸은 세포가 100조 개

"다음 환자 분 들어오세요."

한 아이가 다리를 절뚝거리며 들어왔어요.

넘어지면서 다쳤는지 무릎에는 피가 조금 흐르고 있었고요.

"저런, 어쩌다 이렇게 다친 거니?"

선생님이 안쓰러워하며 물었어요.

"흑흑흑, 계단을 내려가다가 넘어졌어요."

상처 난 부위를 거즈로 닦아 내자 찢어진 상처가 드러났어요. 그래서 피가 계속 흐르고 있었던 거죠.

"괜찮아, 상처를 소독하고 붕대로 감아 두면 흔적도 없이 사라질 거야."

"훌쩍훌쩍, 정말요? 정말 흔적도 없이 낫는 거예요?"

"그럼, 눈에 보이진 않지만 우리 몸은 작은 세포로 되어 있거든. 새로운 피부 세포가 생겨나서 깨끗하게 나을 거야."

지구에 처음 나타난 생물은 먼지보다도 작은 크기의 '세포'였어. 세포는 팔과 다리가 없어서 꼬물꼬물 기어 다니는 볼품없는 모양이었지. 게다가 몸집이 너무 작아서 먹이가 있는 곳까지 가는 데도 오래 걸리고, 크기가 큰 먹이는 아예 먹을 수도 없었지. 그래서 세포는 좀 더 안전하고 오랫동안 살아남기 위해 한데 모여 다니기 시작했어. 함께 다니면 몸집이 커져서 먹이를 더 쉽게 구할 수 있거든. 그리고 살아남는 데 필요한 여러 가지 일을 서로 나눠서 하게 되었지. 그러다가 시간이 흐르면서 세포는 자기가 맡은 일에 가장 잘 맞는 모양으로 변해서 결국에는 서로 떨어져서 살 수 없는, 완전한 하나의 생물이 되었어. 어떤 세포는 뿌리가 되고, 어떤 세포는 나뭇잎이 되어서 하나의 나무가 된 거야. 나무뿐만 아니라, 우리 주변에서 볼 수 있는 생물은 모두 작은 세포가 모여서 생겨났어. 그러니까 생물은 세포 벽돌을 쌓아서 지은 피라미드라고 생각하면 될 거야. 우리 몸을 만드는 데는 이런 벽돌이 100조 개나 필요하다고 해.

우리 몸도 피부, 근육, 신경처럼 저마다 다른 일을 하는 세포가 모여 있어. 그 세포는 자기가 하고 있는 일에 가장 잘 맞는 모양과 크기를 하고 있지. 적혈구는 혈관 속을 흘러 다녀야 하기 때문에 동그랗게 생겼고, 피부 세포는 내부를 잘 보호하기 위해서 네모난 벽돌처럼 생겼어. 세포의 크기도 다양해서 마침표(.) 크기의 10분의 1밖에 안 되는 것도 있고, 60센티미터가 넘는 신경 세포도 있어. 이렇게 서로 돕고 살아가는 세포의 모습은 우리들과 비슷한 점이 많아. 우리가 살고 있는 마을에는 저마다 다른 일을 하는 사람들이 함께 어울려 살아가잖아. 농사꾼은 농사를 짓고, 요리사는 음식을 하고, 운전수는 물건을 날라 주는 일을 하지. 우리 몸을 여러 세포가 모여 사는 마을이라고 생각해 본다면, 음식을 소화시키는 위장 세포는 요리사, 적혈구는 물건을 날라 주는 운전수라고 할 수 있어. 쓰레기를 치워 주는 콩팥 세포는 청소부에 해당할 거야. 이렇게 세포가 힘을 합쳐서 흡수한 영양분과 산소는 세포 하나하나에게 골고루 나눠지지.

　세포에는 영양분과 산소로 필요한 것을 만드는 '세포 소기관'이 있어. 세포 소기관은 생명을 유지하는 데 필요한 에너지와 물질을 만들어 내지. 소시지처럼 생긴 미토콘드리아는 세포가 쓰는 에너지를 생산해. 활동이 왕성한 세포일수록 미토콘드리아를 많이 가지고 있지. 리소좀(용해소체)은 필요 없는 쓰레기를 분해하는 일을 해. 리소좀은 노폐물을 제거하기 위해 강력한 효소를 쓰지. 골지체는 세포가 만들어 낸 단백질을 분류해서 포장하는 일을 해. 단백질이 필요할 때 포장된 것을 세포 밖으로 배출하기도 해. 세포 소기관은 마치 물속을 헤엄치는 물고기처럼 세포질 속을 둥둥 떠다니고 있어. 세포질은 세포 소기관이 살아가는 데 가장 적합한 환경이거든. 달걀노른자가 떠 있는 달걀흰자도 세포질의 하나야. 세포질은 얇은 세포막으로 둘러싸여 있어. 피부가 우리 몸을 보호해 주는 것처럼 세포막은 세포를 보호하면서 세포 내부와 외부를 구분해 주는 노릇을 하지. 세포막이 피부와 다른 점은 물질이 이동하는 통로 구실을 한다는 거야. 세포에는 입과 항문이 없기 때문에 세포막이 그 역할을 대신하는 거지. 하지만 세포막 두께는 0.0001밀리미터밖에 되지 않아서 세포막만으로는 세포질을 단단히 고정해 주기는 어려워. 가만히 둔다면 세포는 아마 납작하게 찌그러지고 말 거야. 그래서 세포질 속에 있는 가느다란 섬유 가닥이 세포막에 붙어서 찌그러지지 않게 해 주지. 얇은 자전거 바퀴가 바퀴살 덕분에 동그란 모

세포의 구조

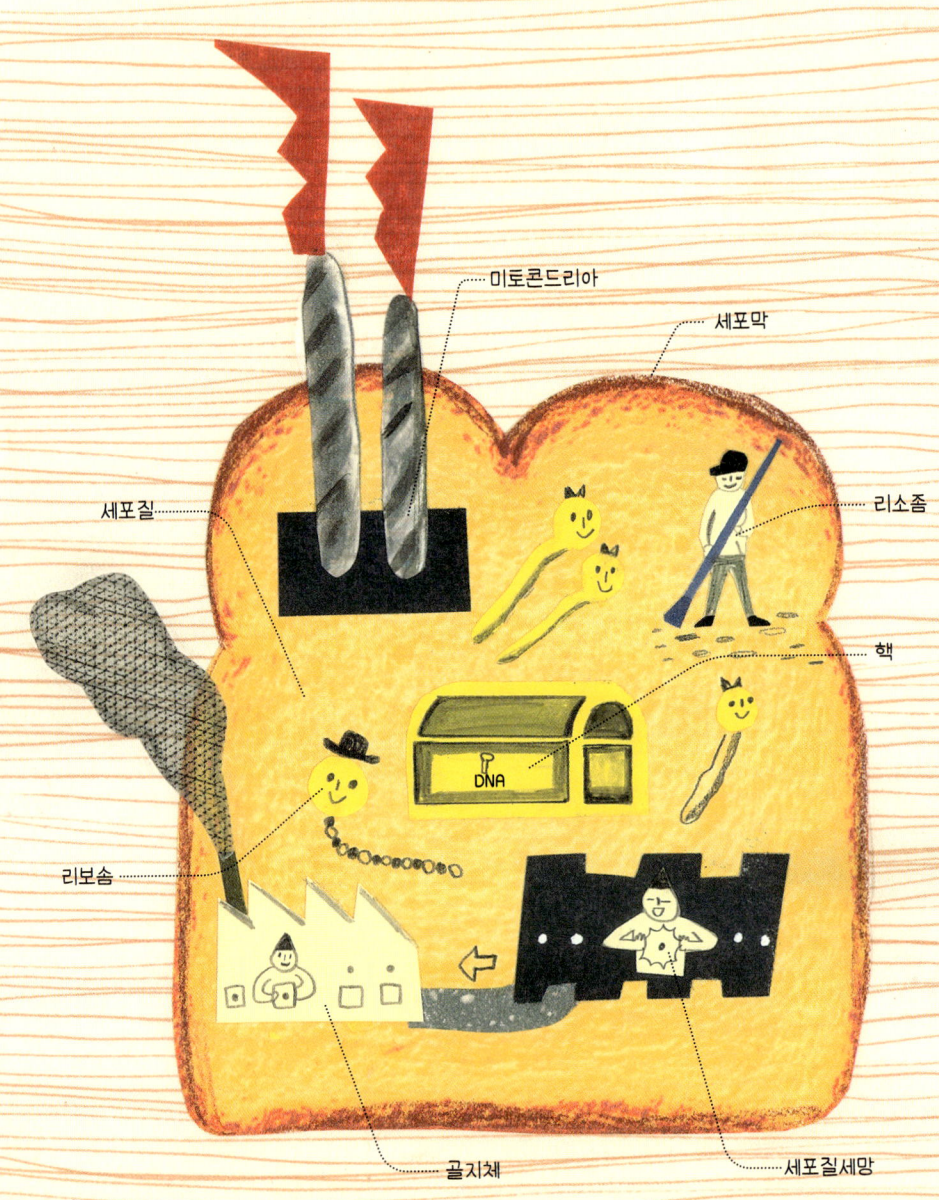

양을 할 수 있는 것과 마찬가지야.

 생명을 유지하기 위해서는 다친 곳을 회복할 수 있어야 해. 이때 꼭 필요한 것이 바로 단백질이야. 세포막과 세포 소기관도 모두 단백질이 있어야 만들 수 있거든. 세포는 여러 가지 단백질을 섞어서 서로 다른 세포 소기관을 만들어 내. 부족한 단백질이 생길 때면 세포는 DNA를 참고해서 단백질을 만들게 돼. DNA에는 단백질을 만드는 방법이 적혀 있거든. DNA가 없다면 세포는 더 이상 살아가기 어려울 거야. 그래서 세포는 DNA를 안전한 금고인 핵 속에 넣어서 보관하지. 단백질을 만들 때도 DNA를 직접 꺼내 가지 않고 RNA라는 책에 베껴 써서 이용해. 세포에게는 DNA가 그만큼 소중한 거야. 단백질 제조법이 적힌 RNA는 리보소체(리보솜)에 전달되고, 그러면 리보솜은 거기에 적힌 대로 새로운 단백질을 만들어 내는 거지. 이렇게 해서 만들어진 단백질로 세포는 생명을 유지하고 있어. 리보솜은 세포질에 떠서 다니기도 하고, 핵을 둘러싸고 있는 구불구불한 세포질세망(소포체)에 붙어 있기도 해. 세포질세망은 리보솜에서 만든 단백질이 이동하는 고속도로라고 할 수 있어. 만들어진 단백질은 이곳을 따라 포장 공장인 골지체로 이동하지.

세포는 새로운 세포를 만들 수도 있어. 세포 자신을 둘로 나눠서 똑같이 생긴 새로운 세포를 만들어 내는 거지. 이렇게 둘로 나눠지는 것을 '세포 분열'이라고 해. 새롭게 태어난 세포도 살아가려면 단백질을 만들 수 있어야겠지? 그래서 둘로 쪼개지기 전에 DNA를 복사해서 두 개로 만든 다음 각자 하나씩 나눠 가지지. 새로 생긴 세포 두 개는 이제 저마다 하나의 완전한 세포로 살아가게 돼. 그러다가 점점 자라나서 처음 세포와 크기가 비슷해지면 다시 둘로 나눠지는 세포 분열을 반복하지. 하지만 무한정 새로운 세포를 만들 수 있는 건 아니야. 우리 몸속 세포는 50번 정도만 세포 분열을 할 수 있다고 해. 세포 분열은 우리 몸을 유지하는 데 아주 중요해. 새로운 세포가 계속 태어나야 상처가 난 곳을 다시 회복하고, 자라면서 키도 클 수 있거든. 특히 피부나 간, 위장에 있는 세포는 세포 분열이 활발한 곳이기 때문에 상처가 생겨도 금세 원래대로 회복할 수 있어. 하지만 신경이나, 뼈, 근육, 심장에 있는 세포는 그렇지 않아서 상처가 나면 섬유질로 메워지기 때문에 흉터가 남는 일이 많아.

선생님은 준비한 재료로 빵을 만들기 시작했어요.

'흠, 그런데 밀가루가 없어서 반죽이 부풀지 않겠는데……, 잘못하면 딱딱한 쿠키가 되고 말겠어.'

밀가루가 들어간 반죽이라야 발효를 해서 부풀게 할 수 있는데, 살찌지 않는 빵은 부풀리기가 어려웠어요.

'어떻게 하면 좋을까? 아! 마카롱처럼 머랭을 만들면 되겠구나!'

머랭은 달걀흰자를 저어서 공기와 섞이게 하는 걸 말해요. 달걀흰자와 공기가 섞이면 거품이 생겨나면서 아주 부드럽고 풍성한 크림처럼 변하거든요.

선생님은 부드러운 크림처럼 변할 때까지 계란 흰자를 한참이나 저었어요.

이렇게 해서 만든 머랭에 준비해 두었던 아몬드와 코코넛 가루, 올리고당, 베이킹파우더를 넣고 다시 주걱으로 잘 섞었어요.

선생님은 완전히 섞은 반죽을 조심해서 빵틀에 붓고 오븐에 넣었어요.

'야호! 이제 드디어 살찌지 않는 빵이 세상에 나오는구나.'

선생님은 기대에 찬 얼굴로 빵이 구워지는 걸 지켜보았어요.

오늘은 선생님에게 아주 뜻깊은 날이에요.

지금까지 개발한 빵을 여러 사람들에게 처음으로 선보이는 날이거든요.

빵을 잘 소화시키지 못했던 경태는 물론이고요, 그동안 한의원에 자주 오셨던 분들이 선생님이 구운 빵을 맛보기 위해 모두 한자리에 모였어요.

드디어 조리실 문이 열리고 빵이 가득 담긴 쟁반이 모습을 드러냈어요.

"여러분! 제가 구운 빵을 소개하겠습니다. 이쪽은 빵을 먹고 나면 소화가 잘 안 되는 친구들을 위한 '속편해빵', 그리고 이쪽은 먹어도 살이 찌지 않는 신비의 빵, '날씬해빵', 입니다!"

"와아! 정말 먹어도 배가 안 아픈 빵이에요?"

가장 먼저 경태가 달려와서 속편해빵을 집어 들고 물었어요.

"원장님, 이 빵 아무리 먹어도 정말 살이 안 찌는 거 확실하죠?"

빵을 좋아하는 김 간호사도 어느새 쟁반 앞에 다가서며 물었어요.

사람들은 저마다 마음에 드는 빵을 먹기 시작했어요. 그 모습을 바라보는 선생님은 그동안 고생한 것이 한순간에 씻겨 나가는 듯했어요.

어느새 병원은 향긋한 빵 냄새와 기분 좋은 웃음소리로 가득했어요.

빵집 의사의 인체 대탐험

2016년 5월 9일 1판 1쇄
2022년 5월 31일 1판 3쇄

글쓴이 이원천 | **그린이** 이고은

기획·편집 최일주, 이혜정 | **교정** 조미숙 | **디자인** 민트플라츠 송지연 | **제작** 박흥기
마케팅 이병규, 이민정, 최다은 | **홍보** 조민희, 강효원 | **인쇄** 코리아피앤피 | **제책** J&D바인텍

펴낸이 강맑실 | **펴낸곳** (주)사계절출판사 | **등록** 제406-2003-034호
주소 (우)10881 경기도 파주시 회동길 252 | **전화** 031)955-8588, 8558
전송 마케팅부 031)955-8595, 편집부 031)955-8596 | **홈페이지** www.sakyejul.net
전자우편 skj@sakyejul.com | **블로그** blog.naver.com/skjmail
페이스북 facebook.com/sakyejulkid | **인스타그램** instagram.com/sakyejulkid

ⓒ 이원천, 이고은 2016

값은 뒤표지에 적혀 있습니다. 잘못 만든 책은 구입하신 서점에서 바꾸어 드립니다.
사계절출판사는 성장의 의미를 생각합니다. 사계절출판사는 독자 여러분의 의견에 늘 귀 기울이고 있습니다.
이 책은 저작권법에 따라 보호받는 저작물이므로 무단전재와 복제를 금합니다.

ISBN 978-89-5828-976-0 73470

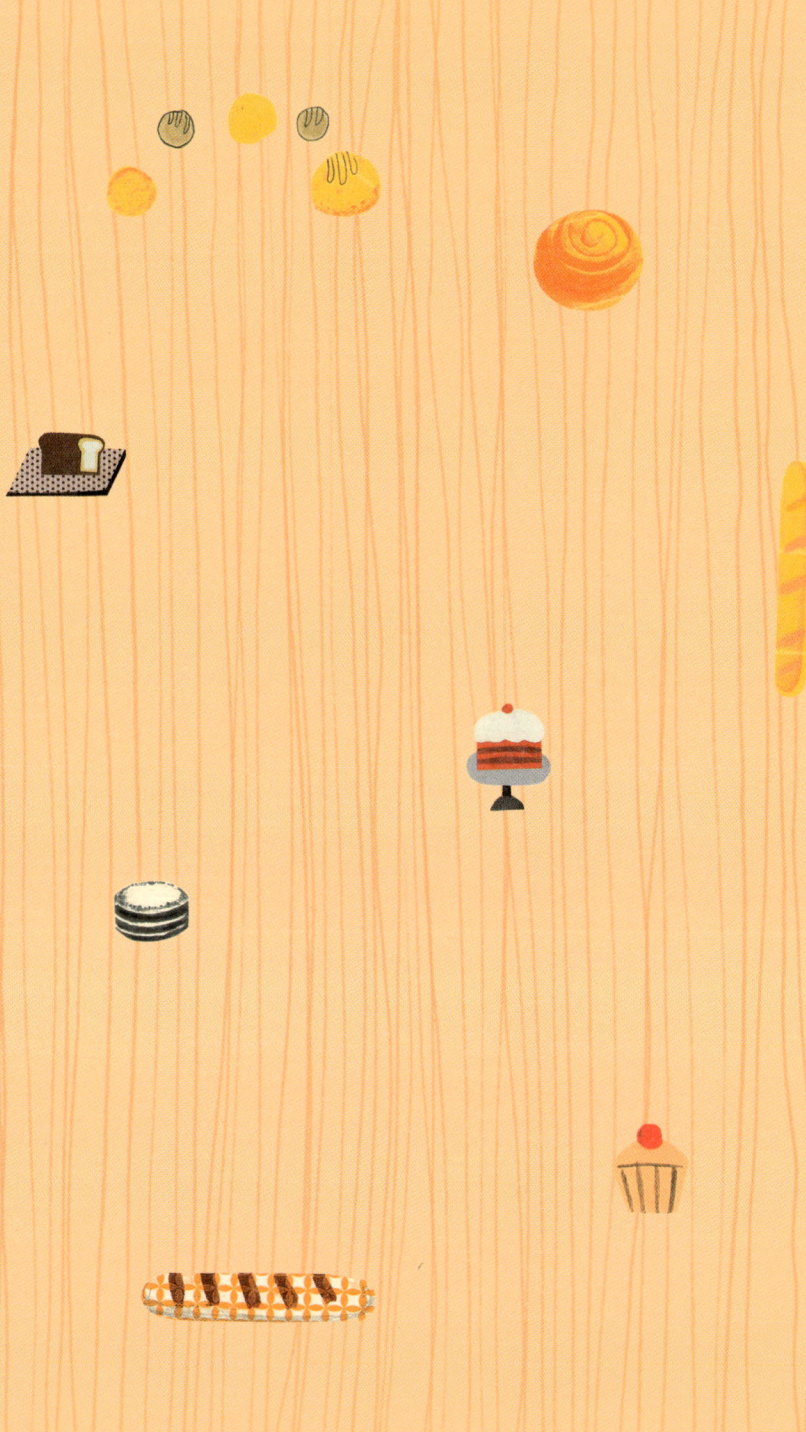